Paracord Fusion Ties - Volume 1
by J.D. Lenzen

First designed and published in the United States of America in 2012 by 4th Level Indie
Author's Site: fusionknots.com

Copyright ©2012 J.D. Lenzen.

Japanese edition published in Japan in 2013 by
Graphic-sha Publishing Co., Ltd.
1-14-17 Kudankita, Chiyoda-ku, Tokyo 102-0073, Japan

Japanese text and design
Copyright © 2013 Graphic-sha Publishing Co., Ltd.

Images prepared for Japanese edition
Copyright © 2013 Graphic-sha Publishing Co., Ltd.

All rights reserved. No part of this book may be reproduced, stored in a retrieval system,
or transmitted by any means, without written permission from the publisher,
except by a reviewer, who may quote brief passages in a review where appropriate credit is given.

Because of the dynamic nature of the Internet, any web addresses or links
contained in this book may have changed since publication and may no longer
be valid. Further, any and all vendor information provided in this book does
not constitute an endorsement or recommendation by the publisher or the author.

ISBN 978-4-7661-2468-2   C2076

Printed in Japan

Japanese edition creative staff
Author: J.D. Lenzen
Supervisor: Märchen Art Studio
Editing: Yoshiko Kasai (Graphic-sha Publishing Co., Ltd.)
Piece design and production: tama5
Step-by-step instructional photographs: J.D. Lenzen
Cover & completed design photographs: Satoshi Nagare
(Cover/P.1-4/P.9/P.18-19/P.36-37/P.56-57/P.70-71/P.86-87/P.106-107/P.126-127/P.160)
Japanese translation: Kazumi Yoshii (R.I.C. Publications)
Book design: Kazaito seisakushitsu
Project coordinator: Kumiko Sakamoto (Graphic-sha Publishing Co., Ltd.)

「フュージョン結び」でパラコードクラフトを楽しもう！

フュージョン結び（Fusion Ties）とは——

マクラメ、ロープワーク、アジアンノットなど、さまざまな飾り結びの要素やテクニックをフュージョン（融合）することで生まれた革新的な飾り結びのこと。

この本の制作にあたり、サポートとインスピレーションを与えてくれた人たちに感謝します。クリフォード・アシュリー、両親（ジムとバーバラ）、YouTubeチャンネル『Tying It All Together』の視聴者のみなさん、そしてフュージョン結びコミュニティのメンバーのみなさん。とくに私のオンラインビデオを支持し続けてくださっているみなさんがいなければ、本書が形になることはありませんでした。

そして……妻であり私のミューズでもあるクリステン・カコスへ、最大級の感謝を。君の存在は私の人生に喜びと安らぎ、そして創造の自由をもたらしてくれます。君が与えてくれるすべてに、永遠に感謝します。

CONTENTS

「フュージョン結び」で
パラコードクラフトを楽しもう！……………………02
この本を手にしてくれたみなさんへ……………………06
パラコードってどんなもの？……………………08
この本の使い方……………………10
この本で使う用語……………………14

Chapter 01
Diamonds, Balls, & Bundles
多面体と球体の結び

2本組みダイアモンドノット（玉結び）……………………20
連続ダイアモンドノット（連続玉留め）……………………22
サルのこぶし（モンキー結び）……………………25
パラコードボール（2重のあわじ玉）……………………28
ミニグローブノット……………………31

Chapter 02
Wisdom of Solomon
平結びのバリエーション

伸縮する平結び……………………38
2色の平結び……………………40
ステッチング平結び……………………43
クロスステッチ平結び……………………46
二重平結び（ライン入り）……………………50

Chapter 03
Strapping it Up
8の字結びのバリエーション

8の字結び……………………58
8の字結び（2色）……………………60
ステッチング8の字結び……………………62
簡単リングボルトヒッチ（輪かがり結び）……………………64
ダブルステッチング8の字結び……………………66

Chapter 04
Endless Falls
エンドレスフォールのバリエーション

エンドレスフォール……………………72
色分けエンドレスフォール……………………74
ロングステッチエンドレスフォール……………………76
ショートステッチエンドレスフォール……………………79
ブロッキングエンドレスフォール……………………82

Chapter 05
Locked & Sliding Slip Knots
スリップノット（引き解け結び）のバリエーション

ヘテロマスタス結び……………………88
アショカチャクラノット……………………90
Tウイルス結び……………………93
バックボーン結び……………………97
リップコード結び……………………101

Chapter 06
Raising the Bar
ワイドな結びのバリエーション

ブレイズ結び……………………108
二重結び……………………111
スピンドルファイバー結び……………………115
ドット入りブレイズ結び……………………118
KBK結び……………………121

Chapter 07
Back-to-Back Bars
リバーシブル結びのバリエーション

リバーシブル結び……………………128
リバーシブルねじり結び……………………131
わだち結び……………………134
羽根結び（リバーシブル）……………………138
サメの歯結び（リバーシブル）……………………141

作品のつくり方……………………145

Introduction
この本を手にしてくれたみなさんへ

『The Ashley Book of Knots (ABOK)*』という本の著者として名高いクリフォード・W・アシュリーは、数多くの新たな結び方を考案した。彼は結びに関する幅広い知識を活かし、既知の結び方にユニークなひねりや回転を加えたりしてアレンジした新技法を生み出し、ABOKで紹介したのだ。ところが1944年の夏に初版が刊行されると、ABOKはアシュリーのアピールとは裏腹に、オリジナルの結び方よりも伝統的な結び方への強い関心や再評価を呼び起こすこととなった。

エドワード・ハンター博士が1978年に自身の"発見"として「ハンターズベンド」を宣伝したときの世の中の反応も似たようなものだった。「ハンターズベンド」とは、切れた靴ひもを結び合わせるために考案されたひものつなぎ方で、その"発見"はロンドンタイムズの一面を飾った。ところが、博士の"発見"が世に認められることはなかった。なぜなら、新たな結び方などそう簡単につくり出せるはずはないと多くの人が確信していたから。結局、その結び方は35年も前にフィル・D・スミスという人物により発見されていたことがわかり、人々の確信はより強められる結果となった。

その後、インターネットが誕生すると、ネットは世界中の結びの愛好家たちがコミュニティに集まり、つながり合う絶好の場になった。そのコミュニティの人々は、伝統的な結びへの関心だけでなく、新たに発見された結びにも関心を抱いていた。

私が静かに、のちに「フュージョン結び（異なる結びの要素やテクニックを組み合わせた、斬新な結び方であることにちなんだ名前）」と名づけることになる結びのテクニックの開発をはじめたのは、ちょうどその頃だったと思う。それは1995年のこと。私はアメリカのカリフォルニア州ロマ・マーという町に住み、Exploring New HorizonsというNGO団体の野外体験学習所で自然科学研究員として働いていた。

ロマ・マーはとても小さな田舎町で、その町に住んでいる間、私はインターネットを利用していなかった。それどころかテレビもなく、町にはお気に入りのラジオ局もなし。おのずと夜や週末の時間の多くは伝統的な結びの研究をしたり、結んだものをバラして新しい結び方に再構成したりして過ごすこととなった。人づき合いも社会とのつながりもそれほどなかった当時の私は自分の発見をノートに記録していたけれど、大部分は自分の記憶のなかだけにとどめていた。1年後私は大学院に入り、調査や研究に没頭したためあまり飾り結びをする時間はなくなってしまった。しかし99年に大学院を卒業すると自由な時間が増え、再び飾り結びをスタートさせた。

すると、飾り結びから離れていた3年間が功を奏した。新たなアイデアやテクニックが次から次へと浮かんでくるのだ。私はもはやノートに記録するだけでは満足していられなくなり、「フュージョン結び」のノウハウをほかの人たちに教えはじめた。すると人々がテクニックを理解するために何を見たり、聞いたり感じたりすることを必要としているかがわかってきた。この時期に私が得たつながりは大きな価値のあるものだった。しかし直接指導できるのはごくかぎられた人たちにすぎないことも感じていた。私は「フュージョン結び」のテクニックを世界中に広めたい、結びを通じて幅広い人種・年代の人たちとつながりたい、そして「もう新たな結び方が出てくるはずはない」という既成概念を打ち破りたいと思っていたのだ。でもそのためには対面指導を超える、何かしらの方法が必要だった。

* 1944年刊行の結びのテクニック本。伝統的なものからオリジナルまで3900種以上の結びを収録した、飾り結びのバイブル的存在。

その方法が2007年はじめに見つかった。恋人のクリステン（現在の妻）が、私の35歳の誕生日にデジタルカメラをプレゼントしてくれたのだ。機種はキャノンのPowerShot SD800ISで、ビデオ機能を使えば動画も撮れる。このビデオを使えば世界中の飾り結びのコミュニティとつながったり、テクニックを公開したりできると気づいた私は、動画投稿サイトのYouTubeに加入し、『Tying It All Together (TIAT)』というビデオチャンネルを登録した。

2008年9月7日、私はTIATに伝統的な結び方を解説したビデオ「How to Make a Military Bugle Cord」を初公開。私のレクチャーの仕方やスピードは好意的に受け入れられ、以後私は週に1本ずつ約3年間、解説ビデオをつくり続けた（2011年の終わりごろには週2本になった）。2008年以来、私は200本以上の解説ビデオをつくり、視聴会員は6万人以上に（本書のアメリカ版刊行当時）。また「FusionKnots.com」というウェブサイトを立ち上げ、「Fusion Knots Forum」（情報・意見交換のためのオンラインフォーラム）を設立。2011年にははじめての解説本『Decorative Fusion Knots : A Step-by-Step Illustrated Guide to New and Unusual Ornamental Knots』（DFK）を出版した。DFKでは、慣れ親しんでいながら、あまり結びには使ってこなかった素材にもふれた。それが、あなたがこの本を手にしてくれた理由にもなっているであろう素材――パラコード（「パラシュートコード」の略）だった。

最近は軍の基地での仕事もときどき入るようになったので、その際にはいつもパラコードを紹介している。パラコードとは、軽いナイロン製のカーンマントルロープ（カーン〈芯〉とマントル〈外皮〉に分かれた編みロープ）で、元々は第二次世界大戦中にパラシュートの吊り下げ用コードとして使われていたもの。糸巻きに巻かれたパラコードは、基地の作業場やメンテナンス場、そのほか強く軽いひもが必要な場所には必ずある。

私はずっとパラコードの用途の広さと実用性を高く評価しており、パラコードだけで作品づくりをする人たちのコミュニティがあることも知っていた。しかし、私がはじめて見た作品に使われていたコードの色は松葉色、コヨーテブラウン、黒の3色だけ。この地味な色のせいで、パラコードはTIATのビデオには向かないと思ってしまっていた。ところがその後まもなく、私はパラコードの色が非常にバラエティに富んできたことに気がついた。そこで何色かを買い込み、フュージョン結びのテクニックを試しはじめた。その探求は、数多くの新たなテクニックの発見というすばらしい実を結んだ。何年もかけて生み出した結び方はかなりの数になり（個人的につくり出したものや、TIATを通じて公的に紹介されたものも含む）、私はいよいよパラコード作品を本にまとめるときがきたと思いいたった。そしてこれまでの研究成果をはじめてまとめのが、この本。

本書で、フュージョン結びのパラコードクラフトをおおいに楽しみ、練習し、探求しよう。ただし、私が紹介するテクニックはその次のステップへの踏み台にすぎないことをお忘れなく。かつてアシュリーが彼の画期的な本で示したように、結びの世界は無限。井の中の蛙になってしまうことは、ときにみなさんが新たな結び方を知ったり、学んだりする妨げになってしまう。マスターできたことだけに満足せず、さらにその先を目指そう。未来は無限。そしてその無限の未来こそ、いまなのだ！

Tying It All Together 代表　ジェイ・ディー・レンゼン

About Paracord
パラコードってどんなもの？

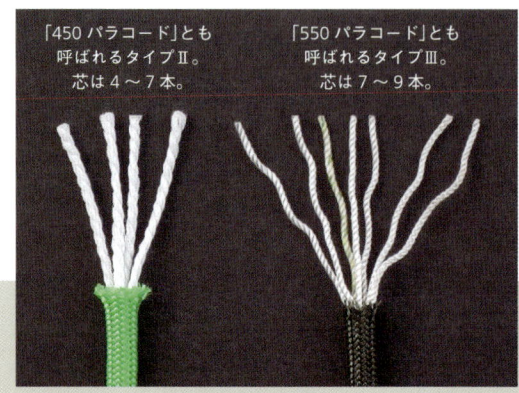

「450パラコード」とも呼ばれるタイプⅡ。芯は4～7本。

「550パラコード」とも呼ばれるタイプⅢ。芯は7～9本。

What is Paracord?

パラコードとは？

　パラコードはナイロンやポリエステル製の軽量なひもで、芯となる数本の撚り糸をぐるりと編み地でおおったつくり。撚り糸は伸ばしたりひっぱったりしたときに最大の強度を発揮する。そしてまわりの編地は、撚り糸を磨耗から保護する役割を果たす。パラコードという名前は、このひもが元々は第二次大戦中に米軍でパラシュートの吊り下げひもとして使われていたことに由来する。実用性にすぐれたパラコードを、パラシュート部隊の兵士たちは地上でもさまざまな仕事に使っていたそうだ。

　ほかの軍用素材や技術と同様に、パラコードはやがて民間でも活用されるようになった。当初、その利用は兵役期間中にパラコードに慣れ親しんだ退役軍人たちによって広められていき、その後はミリタリー系のコレクターやハンター、サバイバルゲームの愛好家たちも、パラコードの普及に大きな役割を果たした。最近ではDIYを趣味とする人たちや、成長を続けるパラコードクラフトのコミュニティに集う人たちも、パラコードのユーザーになっている。

Types of Paracord

パラコードの種類

　米軍では、パラコードをひっぱり強度の違いや芯の数や有無により、タイプⅠ・ⅠA・Ⅱ・ⅡA・Ⅲ・Ⅳという6種に分類している。このうちパラコードクラフトにとくに向いているのは、タイプⅡ・Ⅲの2種類。タイプⅡは450パラコードとも呼ばれ（耐荷重量が450ポンド≒180kgであることから）、芯の撚り糸は4～7本。タイプⅢは550パラコードとも呼ばれ（同じく550ポンド≒250kg）、芯の撚り糸は7～9本。

　私はしなやかで（作業をするときにとてもあつかいやすい）カラーバリエーションも豊富な450パラコードが気に入っているので、この本でも450パラコードを使用している。しかし、フュージョン結びのテクニックは550パラコードやほかのタイプのパラコード、さらにはヘンプ、サテンリボン、布、革のコード、はたまたワイヤーなど、あらゆるひもで実践することができる。とにかくまずは、結んでみよう！

※本書各章冒頭の作品紹介ページの作品は、日本語版オリジナルコンテンツとして、メルヘンアートの「メルヘン アウトドアコード」[450パラコード仕様／耐荷重量180kg／直径3mm／ポリエステル100%／全18色[5mパック]／右ページ写真の1631-1633はリフレクター（反射素材）が編み込まれた暗所で光るタイプ]、および用具を使用しています。コード、用具についてのお問い合わせは下記へお願いします。

川端商事株式会社　〒541-0057　大阪市中央区北久宝寺町1-7-6　TEL 06-6271-0991／FAX 06-6264-6827
メルヘンアート株式会社　〒130-0015　東京都墨田区横網2-10-9　TEL 03-3623-3760／FAX 03-3623-3766　www.marchen-art.co.jp

About This Book
この本の使い方

Instruction Format

プロセス解説について

　この本では、さまざまな結び方を見本通りにきれいに結ぶために必要な説明を、写真でなるべく詳しく紹介し、文章での説明は最小限にとどめている。ただしどの結びにも共通するコードの端の仕上げ処理(端のカットと「焼き止め」処理)については、12ページで手順を詳しく説明し、Chapter01以降のプロセス解説では「コードの端を慎重にカットし、焼き止めする」などと、文章だけで処理のタイミングを示した。また、「2本組みダイアモンドノット」や「4本組みダイアモンドノット」のように、ひんぱんに使うテクニックについては初出時に詳しく解説し、その後は初出ページを参照するよう案内している。

　また、それぞれの結びのハウトゥーの最初では、完成写真とともに、みなさんが実際に結ぶときに役立つデータも記載している。データの種類は次の3種類。

　①**用尺 →** 写真の作品を結ぶために必要なコードの長さと本数
　②**テクニック →** 使用する主要なテクニック
　③**Tips →** デザインやテクニックについてのちょっとしたコツやアドバイス

ひんぱんに使うテクニック

Notable Knots

　次の4種類のテクニックは、本書でご紹介する多くの作品に組み込まれている。
　①**2本組みダイアモンドノット(玉結び)** →20ページ
　②**4本組みダイアモンドノット(玉留め)** →23ページ
　③**トライアングルタイオフ** →81ページ
　④**ストッパーノット** →134ページ

　2本組みダイアモンドノットとストッパーノットは、作品をブレスレットに仕立てる際、片方のループにひっかける留め具の役割を果たす結び。また4本組みダイアモンドノットとトライアングルタイオフは、結びがほどけないよう端を固定する留め結びにあたる。後者の2種類は、ほかにも2本組みダイアモンドノットのような留め具的な結びを結ぶ前の、つなぎとして使われることもある。

※ダイヤモンドノットは時計まわりにも、反時計まわりにも結ぶことができるが、本書では便宜的に2本組みダイアモンドノットは反時計まわり、4本組みダイアモンドノットは時計まわりに結んでいる。

ブレスレットに必要なコードの長さについて

> Sizing Bracelets

「長さ25cmのブレイズバーのブレスレットをつくるには、何mのパラコードが必要ですか？」などと、パラコードの用尺（必要な長さ）を尋ねられることがよくある。しかし、じつはこの質問には簡単には答えることができない。それは、次のような理由から。

A）パラコードはメーカーの違いにより、伸縮性や太さなどにばらつきがある。

B）その人の手加減により結び目の詰まり具合が違い、用尺も違ってくる。

C）結びの種類によっては、結びはじめ、中盤、結び終わりなど段階により用尺が変わってくる場合もある（結びはじめは5cmあたり30cmでも、中盤は5cmあたり25cmでいい、といった具合に）。

さらに、もし誰かが私の見積りにしたがってパラコードを購入し、作品づくりに挑戦したものの、用尺よりも短すぎたり長すぎたりする結果になれば、私は間違いを教えたことになってしまう。だからふだん、用尺についての質問には具体的に答える代わりにその人自身で計算をするためのアドバイスをしている。

私がアドバイスしているのは、試し結びをして基準とする寸法に必要な用尺を測ること。これをすれば、つくりたい作品についてその人ごとの用尺がおおむね把握できるのだ。その方法は、ごく短く、たとえば3cmほど試し結びをし、それをほどいて使用したコードの長さを測るだけ。そして測ったコードの長さを基準にして、つくりたい作品の長さを結ぶには何mのコードが必要になるかを見積もるのだ（たとえば3cmに60cmのコードを使用していたら、18cm結ぶためには6倍の3.6mのコードが必要だとわかる）。

Snipping & Singeing

コードの端の始末——カットと焼き止め

　パラコードは芯も外皮もナイロンやポリエステル製なので、加熱すると軟化し、冷やすと再びかたくなる性質をもっている。ナイロンが軟化するのは加熱により液化するためなのだが、軟化しているときには整形し、形を変えることができる。パラコードも同様に、コードの端を火であぶると溶けてガラス質に変化するので、軟化しているうちに周囲のコードになじませたり、表面を整えたりすれば、端を目立たなくしたり、ほつれにくくすることができる。このようにコードの端を焼く処理を「焼き止め」と呼ぶ。パラコードの端はそのままにしておくとほつれたり芯が抜けたりするため、焼き止めは不可欠だ。必要な道具は、はさみとライター。はさみはよく切れるクラフト用のもの（散髪用などでも代用可能）、ガスライターはアウトドア用や日曜大工のハンダ付けに使用するものなど、ノズルが長いターボ式のものがおすすめだ。手順は右ページの通り。

Warning!!

焼き止めとコード端の処理についての注意事項

★注意①：パラコードの端をライターであぶるときや溶かしたコードの端を整形するときには、やけどをしないようくれぐれもご注意を。また大人の目の行き届かないところで、お子さまがライターやはさみを使わないよう注意しよう。君が子どもなら、ひとりで作業せずかならず大人に手伝ってもらおう。

★注意②：パラコードは性質上、コードの端をそのままにしておくと外側の編み部分がほつれたり、芯が抜けてしまったりするため仕上げには必ず焼き止めをしよう。また、結びはじめる前に用尺のコードをカットしたときにも、作業しやすくするためまず両端を焼き止めしておくのがおすすめ。

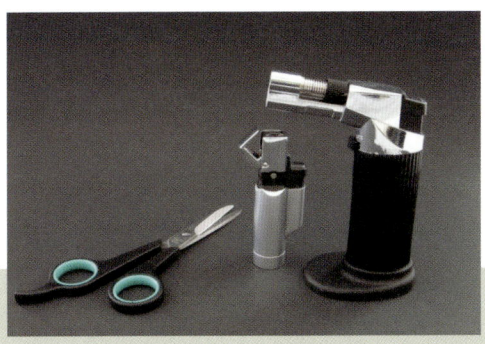

01 はさみとガスライターを準備する。

02 結ぶ作業が終わったら、コードのあまった部分を慎重にはさみでカットする。

03 余分なコードをカットしたら……

04 ライターを近づける。ライターの火口から両手が離れていることを確認する。

05 カットしたコードの端の片方を、すばやく焼き（ほんの1、2秒間）……

06 反対側のコードの端も同様に焼く。コードの端がガラス質に変化しているうちはまだやわらかいので……

07 さわっても熱くない程度になったら、親指で整形し、まわりとなじませる（表面がカーブしている場合は、スプーンなどで整形してもいい）。

08 これでパラコードの端の焼き止め処理は無事終了！

Twists & Terms
この本で使う用語

この本の解説によく登場する言葉、名称、専門用語などを一覧にまとめた。
テクニックのポイントになる意味をもつ言葉もあるので、まずチェックしておこう。

【か行】

飾り結び
フュージョン結び、ロープワーク、マクラメ、アジアンノットなど、ひもで装飾的な結び目をつくるクラフトの総称。

軽く引きしめる
結び目を固定するためにコードを引きしめる際、ひっぱりすぎないことがポイントになるときに使う表現。結び目の形を美しく出すためには、あえてゆるめに引きしめる場合もある。

コード
細長いひも、またはパラコードの略称。

【さ行】

仕上がり寸法
作品の完成時のサイズ。

芯ひも
平結びの芯ひも(P.16「結びの部分名称」図参照)のように、飾り結びの芯になるひものこと。多くの場合、必要な長さは仕上がり寸法程度。

【た行】

伝統的な結び
IGKTがABOKを改訂した1979年以前に発見されたり、開発されたりした結び方のこと。

時計まわりのループ
結びひもを時計まわりに動かしてつくったループ。あるいは結びひもを時計まわりに動かし、ひも端側を上にして重ねたループ。

【は行】

パラコード
パラシュートコードの略称。ナイロン製の軽量なひもで、芯となる数本の撚り糸を編み地でおおったつくりになっている(詳細はP.8参照)。

反時計まわりのループ
結びひもを反時計まわりに動かしてつくったループ。あるいは結びひもを反時計まわりに動かし、ひも端側を下にして重ねたループ。

引きしめる
ひもを引いて結び目を詰めること。きちんと結び目を引きしめることがきれいで安定した結び目をつくるコツ。

ひっくり返す
結び目、または結んでいる途中の作品を上下や左右にひっくり返すこと。

フォール
私が「エンドレスフォール」と名づけたタイプの結び方の略称。エンドレスフォールのアレンジは、本書のChapter04で紹介している。

二つ折り
1本のコードをU字型に折り曲げること。

フュージョン結び
さまざまな結び方(ロープワークやアジアンノット、マクラメなど)の要素やテクニックを融合することで生まれた革新的な結び方。

【ま行】
結びひも
平結びの結びひも(P.16「結びの部分名称」図参照)のように、飾り結びの結び目づくりに使用するひものこと。結びの複雑さにより、必要な長さは大きく変動する。

【や行】
焼き止め
パラコードの端を固定したり、ほつれ防止のために軽く焼くこと。パラコードのひも端始末に欠かせない処理(詳しい方法はP.12参照)。

用尺
必要なコードの長さのこと。

【ら行】
ループ
コードでつくった輪のこと。単に「輪」と呼ぶこともある。

【アルファベット】
ABOK
『The Ashley Book of Knots』の略称。この本はクリフォード・W・アシュリーという人が1944年に刊行した600ページを超える本で、伝統的なものからオリジナルまで3900種以上の結びのテクニックが収録されている。アメリカでは飾り結びのバイブル的存在となっている。

DFK
『Decorative Fusion Knots』の略称。私が2011年にはじめて出版した「フュージョン結び」の解説書。

IGKT
「The International Guild of Knot Tyers」の略称。IGKTは1982年に設立された結びのクラフトを研究する人たちの国際組織。本部はイギリスに置かれている。

Pの形
コードでループをつくり、アルファベットの「P」の形にしたもの。

TIAT
私が運営するYouTubeのビデオチャンネル『Tying It All Together』の略称。

> **Name of Knotting Parts & Procedures**

部分や動作の呼び方

作業している途中の状態にも、部分的な名称や動作の名称がある。プロセス解説を見ていくときの参考になるので、こちらもチェックしておこう。

コードの部分名称

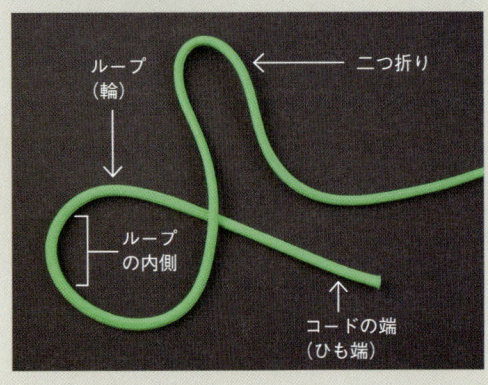

ループの種類

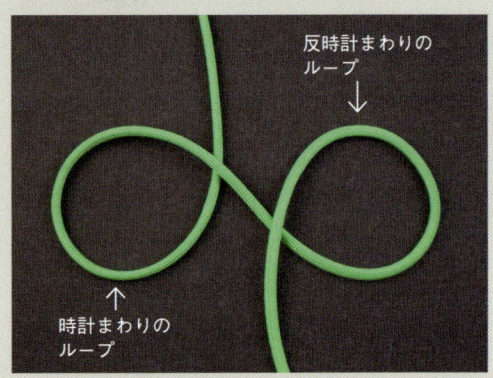

結びの部分名称

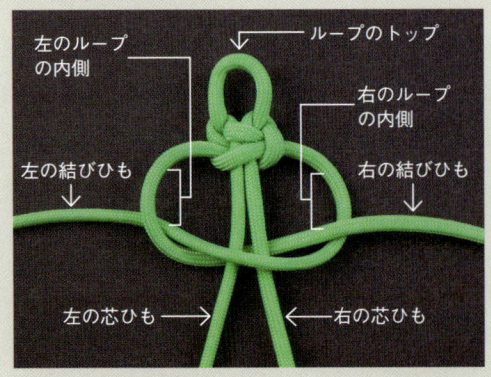

結びの動作

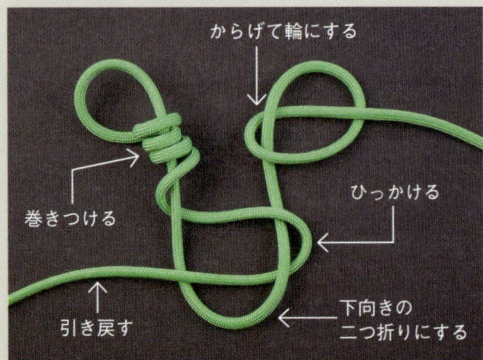

Chapter 01

Diamonds, Balls, & Bundles

多面体と球体の結び

ひもを結んでコブをつくるのは、日常生活のなかでもよく使うテクニック。ところが少し工夫すると、びっくりするほど装飾的なオブジェになる。結びの奥深さを実感しよう。

01

How to knot » page.20
How to make » page.146

2本組ダイアモンドノットのチャーム

ノットをひとつ結べば、もうできあがり。
思わずたくさんつくりたくなる簡単アイテム。

02

How to knot » page.22
How to make » page.147

連続ダイアモンドノットのチャーム

リフレクター入りのコードを使うことで、
暗所で見つけやすくなるという実用性もあり。

03 How to knot ≫ page.28
How to make ≫ page.146

パラコードボールのストラップ

パラコードボールと四つ組みを組み合わせて
キュートなストラップ仕立てに。

04 How to knot ≫ page.31
How to make ≫ page.147

ミニグローブノットのストラップ

こちらはバスケットのような編み目が特徴的な
ミニグローブノットと平結びでストラップに。

2-Strand Diamond Knot
2本組みダイアモンドノット（玉結び）

2本組みダイアモンドノットは、「あやつなぎ」という飾り結びにひと手間加えたもの。このひと手間が、平面的な結びをあっという間に装飾性の高い立体的な結び目に変身させてくれる。マクラメでは「玉結び」と呼ぶ伝統的な結びでもある。本書に登場するほとんどのブレスレットで、留め具代わりにしているのもこの結びだ。

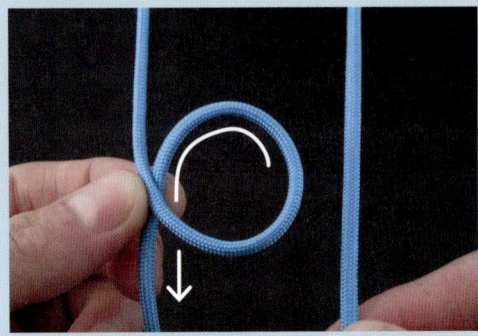

01 左のコードで「P」の形をつくる。

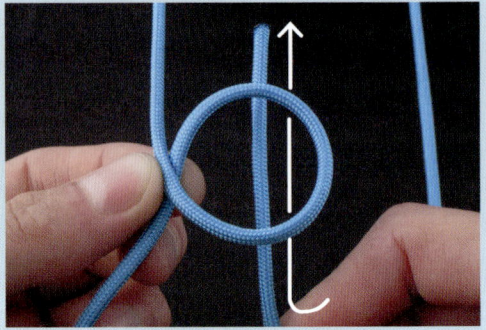

02 右のコードの端を持ち上げ、「P」のループの向こう側におく。

03 コードの端を矢印のように動かし、先端を「P」のループの下に出す。

04 コードの端を二つ折りにし、右上方向へコードの手前、向こう側、手前と順に通して引き出す。

05 コードの端を引き出して二つ折りをまっすぐに伸ばすと、「あやつなぎ（小綱つなぎ）」ができる。

06 次に右のコードの端をあやつなぎの左上のコードの手前から左へ送り……

| Chapter 01 | Diamonds, Balls, & Bundles | 2-Strand Diamond Knot | 21 |

用尺 ➡ 13cm を 2 本（必要最低限の分量）
テクニック ➡ 2本組みダイアモンドノット（玉結び）
Tips ➡ 2本のコードを違う色にすると、ひと味違ったデザインになる。

07 あやつなぎの中心に向こう側から通し、手前に出す。

08 さらに左のコードの端を持ち上げ、あやつなぎの右上のコードの手前を通して……

09 あやつなぎの中心に向こう側から通し、手前に出す。

10 かたく、整った玉結びができるまで、形を整えながらコードの端を引き結び目を引きしめる。

Diamond Waterfall
連続ダイアモンドノット（連続玉留め）

この結びは、4本組みダイアモンドノット（マクラメでいう「玉留め」）を等間隔に並べたもの。二重リングを組み入れて写真のようなチャームにしたものを、私もキーホルダーとして使っている。装飾性だけでなく、結び目が指や関節にひっかかるので手のなかでスライドさせやすかったり、握りやすかったりという実用性もあり。

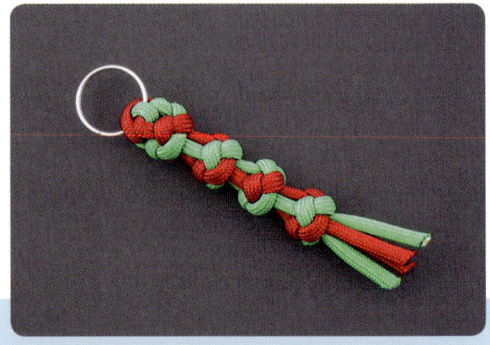

用尺（長さ約 8.5cm のチャーム） ➡ 80cm を 2 本
テクニック ➡ 4本組みダイアモンドノット（玉留め）
Tips ➡ 二重リングは直径 20mm を使用。2 本のコードの色は、コントラストのはっきりした 2 色を選ぼう。

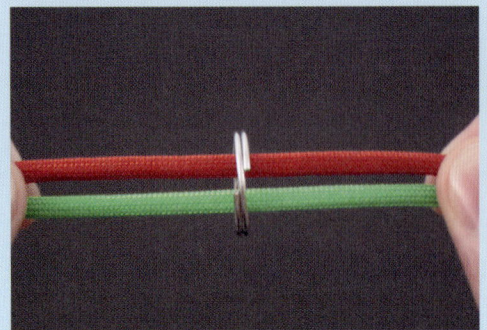

01 二重リングに 2 本のコードを通し、コードの中央にリングを合わせる。

02 二重リングに左手の人差し指を入れ、赤コードを縦に、その上に緑コードを横にして重ねる。赤コードの上側を下、下側を上へ曲げる。

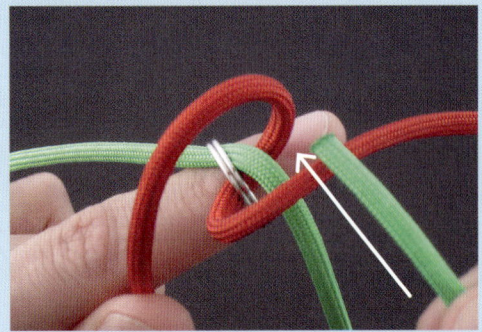

03 緑コードの右端を、赤コードのひとつめのアーチの上から……

04 ふたつめのアーチにくぐらせて向こう側へ出す。

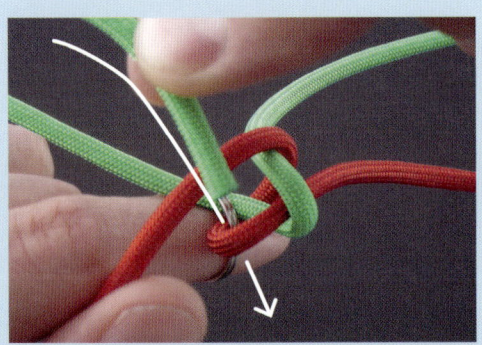

05 左端も赤コードのひとつめのアーチの上からふたつめのアーチにくぐらせて、手前側へ出す。

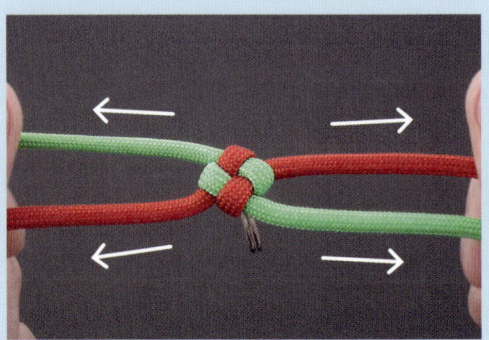

06 4 本のコードをしっかり引きしめると「四つだたみ」の結び目ができる。

| Chapter 01 | Diamonds, Balls, & Bundles | Diamond Waterfall | 23 |

07 ［玉留めの結び方］赤コードの端を互い違いの方向に曲げる。

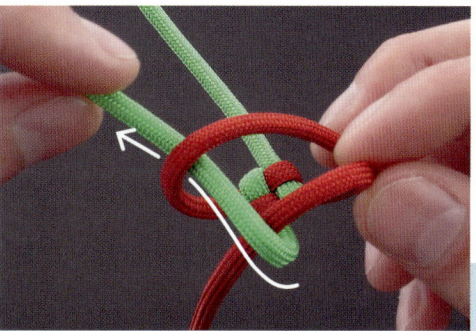

08 下側の緑コードの端を持ち上げ、ひとつめの赤コードのアーチの上からふたつめのアーチにくぐらせて引き出す。

09 上側の緑コードの端も、ひとつめの赤コードのアーチの上からふたつめのアーチにくぐらせて引き出す（まだ引きしめない）。

10 2回めの四つだたみの途中の状態から、次に右側の赤コードの端を緑コードの下から結び目に近づけて……

11 四つだたみの中心に下から上へと通す。

12 全体を反時計回りに90度回し、右側にきた緑コードの端を赤コードの下から結び目に近づけて……

13 四つだたみの中心に下から上へと通す。

14 さらに全体を反時計回りに90度回し、右側の赤コードの端を下から結び目に近づけて……

15 四つだたみの中心に下から上へと通す。

16 全体を反時計回りに90度回し、最後に残った緑コードの端もこれまでのコードと同様に曲げて結び目に近づけて……

17 四つだたみの中心に下から上へと通す。

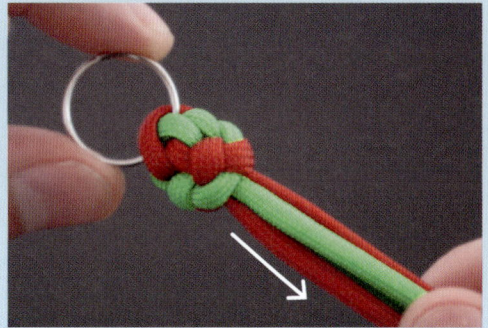

18 形を整えながら4本のコードの端をしっかり引きしめると、「玉留め」がひとつ完成する。

19 ひとつめの玉留めから親指ひとつまみ分あけて07〜17をくり返し、ふたつめの玉留めをつくる。

20 かたく、均整のとれた玉留めができるまで、形を整えながらコードの端を引いてしめる。

21 3つめ、4つめの玉留めも親指ひとつまみ分ずつあけて結ぶ。

22 コードの端を3cm残して慎重にカットし、ほつれないよう焼き止めする。

Monkey's Fist
サルのこぶし（モンキー結び）

サルのこぶし（モンキー結び）はロープワークで使われる結びのひとつで、ひも端のおもりや持ち手として、またロープの端を遠くへ投げ飛ばすときなどに古くから使われていた。そのすっきりとした丸い形が魅力的だということから、パラコードクラフト好きの間で人気の高い結び。

用尺（直径約 2.5cm のボール）➡ 75cm を 2 本
テクニック ➡ サルのこぶし（モンキー結び）
Tips ➡ コントラストのはっきりした 2 色を選ぼう。仕上げにコードの端を切るか残すかはお好みで。

01 最初に 2 本のコードの端をそろえ、2 本まとめてひと結びする。

02 結び目をしっかり引きしめる。

03 しっかり結べたら、コードの端側を結び目ギリギリでカットする。

04 右手で結び目を持ち、左手を紫コードに沿わせて下へスライドさせていき……

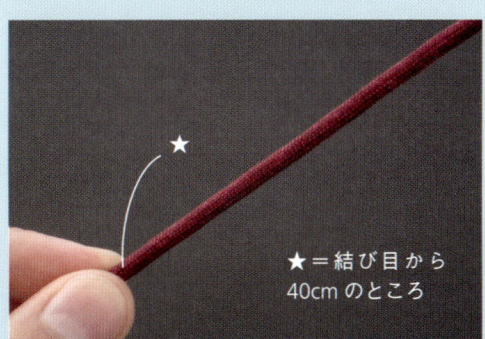

★＝結び目から 40cm のところ

05 約 40cm の長さをとる。

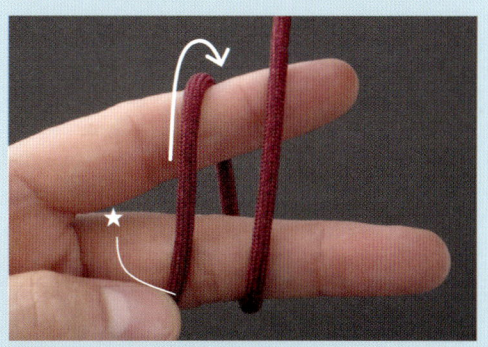

06 すき間をあけて構えた人差し指と中指に、手前から向こう側へとコードを巻く。これで 1 回巻き……

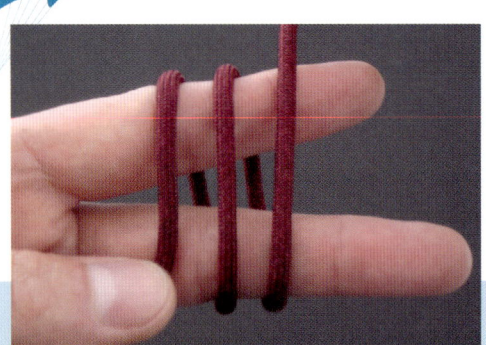

07 2回巻き……

08 3回巻く（巻き終わると結び目が2本の指の間にくる。結び目の位置が合わない場合は紫コードの巻き方を調整する）。

09 結び目を巻きつけた紫コードの内側に入れ込み、黄コードの端を左側に出す。

10 垂直に巻いた紫コードのまわりに黄コードを手前から向こう側へと巻きつけていく。

11 下から上へと1回巻き、2回巻き……

12 3回巻いたら重なった黄コードの幅がそろうように整える。

13 左手から抜き、右側面を正面に向ける。次に黄コードの端をループに通し……

14 水平に巻いた黄コードのまわりに……

15 左側から順に巻きつけていく。

16 左に1回巻き……

17 2回巻き……

18 さらに……

19 右側にもうひと巻き（3回巻き）すると、水平なコイルを包む垂直なコイルができる。

20 紫コードのたるみを結び目側からコード端側に少しずつ送っていき、全体をボール型に整えていく。

21 紫コードのたるみを結び目側からコード端側に少しずつ送っていき、全体をボール型に整える。

22 完全な球にしたい場合は、コードの端を慎重にギリギリでカットし、焼き止めする。

Paracord Balls
パラコードボール（2重のあわじ玉）

パラコードボールは、既製品のパラコードクラフトとしてもとてもよく見かける結び。一見サルのこぶし（→P.25）のようでもあるが、実際にはアジアンノットでいう「2重のあわじ玉」なので、見た目もつくり方もまったく別モノ。意外と簡単に結べるので、クールなプレゼントとしてもおすすめだ。

用尺（直径約 1.5cmのボール）➡ 120cmを1本
テクニック ➡ パラコードボール（2重のあわじ玉）
Tips ➡ この結び方をロープワークでは「タークスヘッド」と呼ぶ。

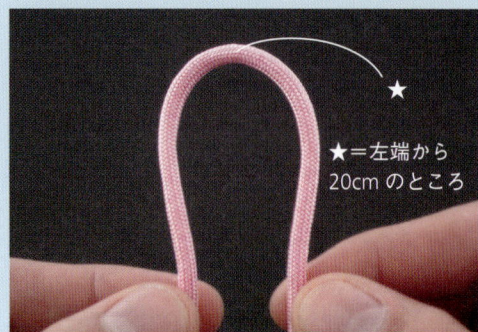

01 左側のコードの端から約20cmのところを頂点に、コードを二つ折りにする。

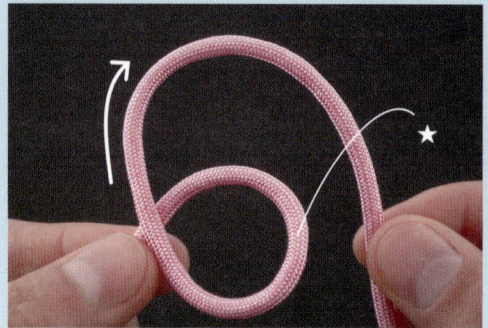

02 右のコードで時計まわりのループの「P」をつくる。

03 右のコードを「P」のループの手前におく。

04 右のコードを「P」の"足"部分のコードの向こう側から左へ送り、二つ折りにして……

05 矢印のように通して右下に出す。

06 コードの端を引き出して二つ折りを伸ばすと、「あわじ結び」ができる。

| Chapter 01 | Diamonds, Balls, & Bundles | Paracord Balls | **29** |

07 次に、右下のコードの端をあわじ結びの左下ループに手前から向こう側へと通し……

08 さらに左下へ伸びているコードに沿わせるようにして、矢印のように通す。

09 そのまま隣のコードの内側に沿わせて矢印のように通し……

10 さらに矢印のように通し……

11 続けて矢印のように通し……

12 さらに矢印のように通し……

13 矢印のように通し……

14 矢印のように通すと、コードの端がスタートの位置に戻る（2重のあわじ結びができる）。

15 さらにコードの端をスタートの位置から矢印のように下側のループに通す。

16 全体を上下反転させてひっくり返し、裏側に出ているコードの端で結び目をつくる。

17 あわじ結びのベースにくっつけてかたく結ぶ。

18 結び目のきわでコードの端を慎重にカットする。

19 再び全体を上下反転させてひっくり返す(表側にする)。

20 結び目を包むように全体の形を丸く整えながら、結び目側から反対のコードの端側へとたるみを送り、球をつくる。

21 さらにきれいな球になるまで、コードのたるみをなくし、引きしめて形を整える。

22 形が決まったら、残ったコードの端を慎重にカットし、焼き止めすればできあがり。

Tiny Globe Knot
ミニグローブノット

ミニグローブノットは、伝統的な結びのなかでも難易度が高いとされてきた「グローブノット」をより簡単に結べるようにしたもの。ポイントは、人差し指を土台にしてコードを巻きつけること。どうすれば思い通りに結べるのかは、実際に結んで試してみよう。

用尺（直径約 2.5cm のボール）➡ 120cm を 1 本
テクニック ➡ ミニグローブノット
Tips ➡ 中心には直径 12 〜 13mm のビー玉などを詰める。最後にコードの端を切るか残すかはお好みで。

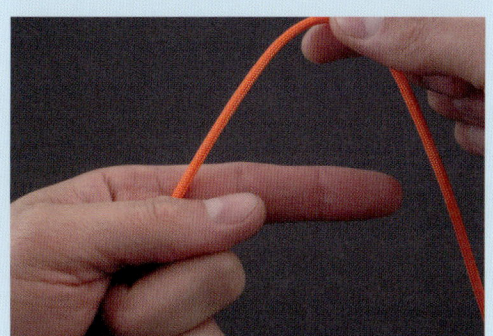

01 コードの中央部分を左手に握り、右手でコードを上のほうに伸ばす。

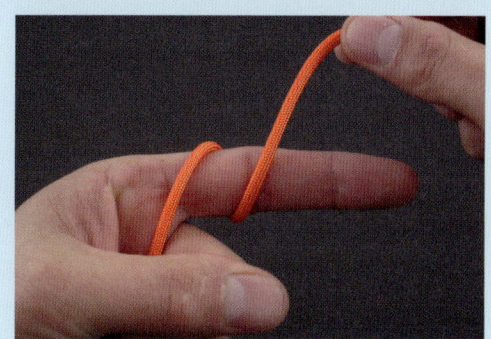

02 コードを左手の人差し指に巻きつけていく。まず 1 回巻く。

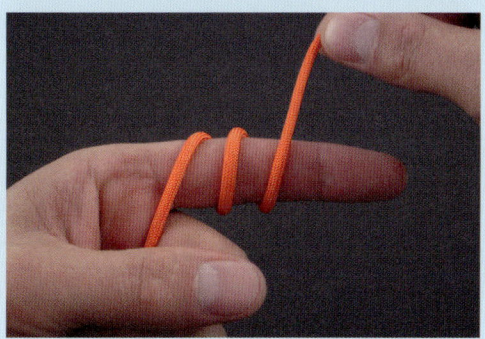

03 2 回巻き……

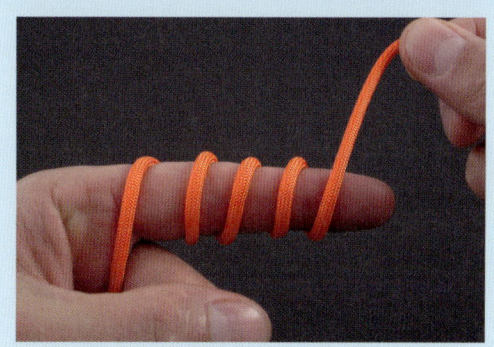

04 3 回、4 回まで巻く。

05 巻いたコードの端を右手に持ち……

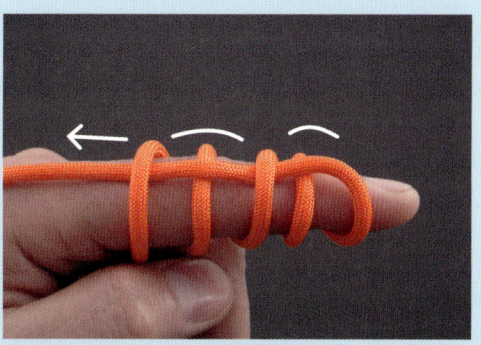

06 指に巻いたコードに織り込むようにして左側へ通す。

07 次に左手に握っていたコードの端を右手に持ち……

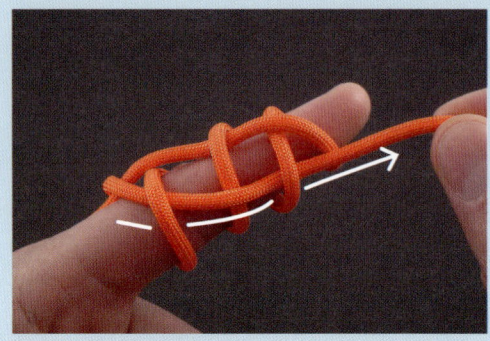

08 指に巻いたコードに織り込むようにして右側へ通す。

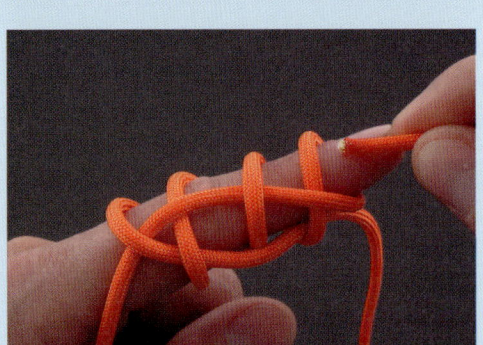

09 通したコードをそのまま左向きに折り返し……

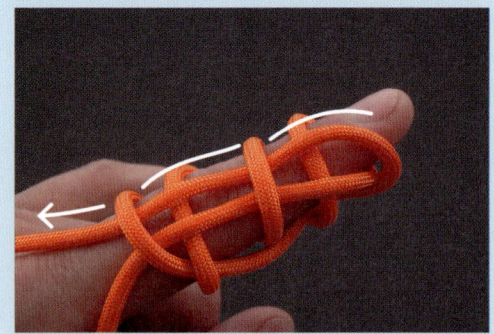

10 06ですでに通したコードの上側に並べて、織り込むように左側へ通す。

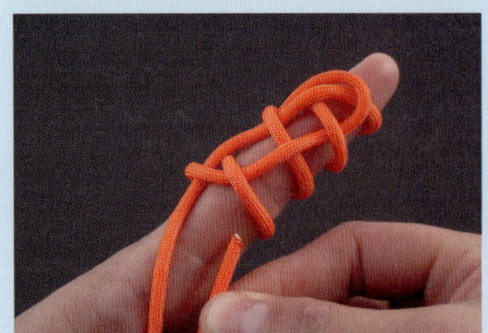

11 06で左側に残したコードの端に持ち替え、右向きに折り返して……

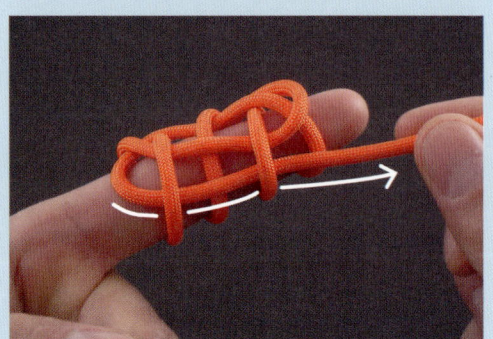

12 08ですでに通したコードの下側に並べて、織り込むように右側へ通す。

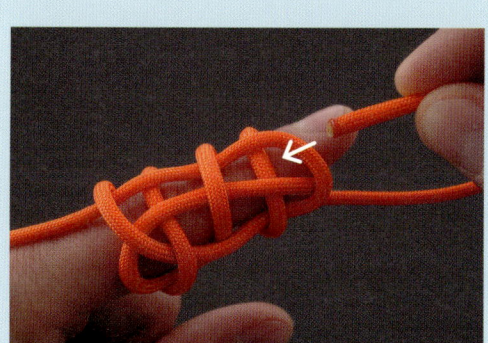

13 通したコードをそのまま左向きに折り返す。次は矢印のように、水平に並んだコードの上側2本の間に通す。

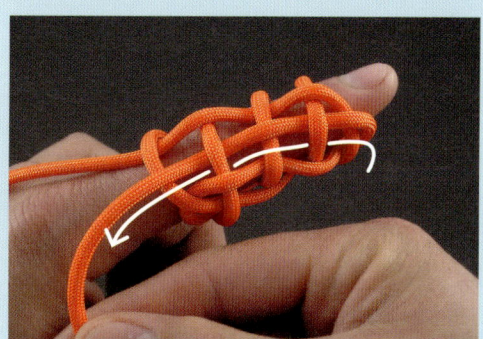

14 今度は上下のコードと通し方を変えて、右側から順に縦のコードの上、下、上、下、上、と通して左側へ出す。

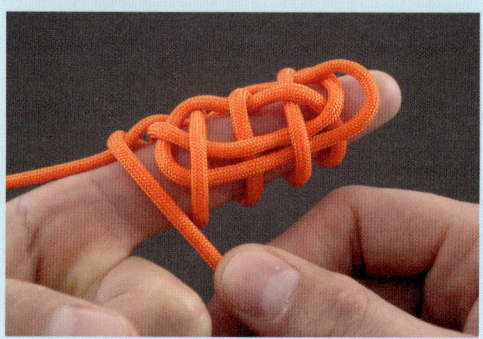

15 もう1本のコードに持ち替え、14のコードを上にまたがせて下側に持ってくる。

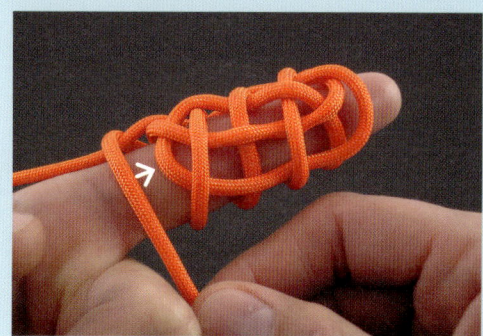

16 持ってきたコードの端を、矢印のように水平に並んだコードの下側2本の間に通していく。

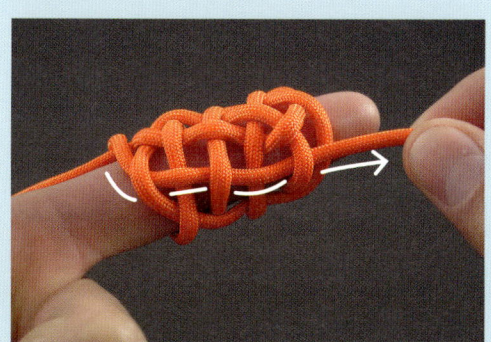

17 上下のコードと通し方を変えて、左側から順に縦のコードの下、上、下、上、下、上と通して右側へ出す。

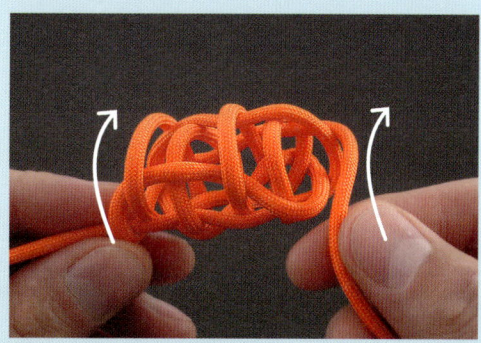

18 全体をそっと指からはずし、手前から向こう側へ45度回転させる。

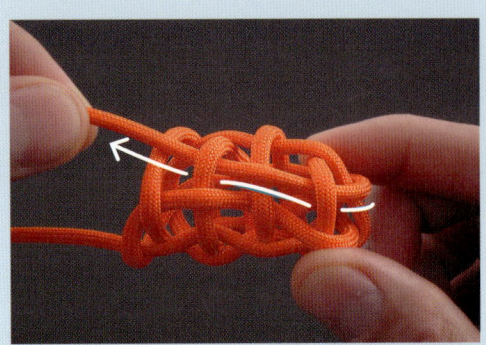

19 右側にあるコードを水平に並んだコードの2本の間に、右側から上、下、上、下、上、と通して右側に出す。

20 コードの端が出ている側から親指などにかぶせ、コードのたるみをコードの端側に送っていき、全体の形をバスケット型に整える。

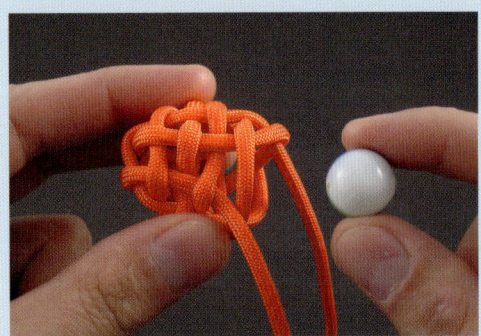

21 親指からはずして直径12〜13mmのビー玉をなかに入れ……

22 バスケットの奥まで押し込む。

23 ビー玉がきれいに包めるまでコードのたるみをコードの端に送り、形を整える。

24 完全な球にしたい場合は2本のコードの端を慎重にギリギリでカットし、焼き止めする。

Chapter 02

Wisdom of Solomon

平結びのバリエーション

平結びは英語で「Square Knot(スクエア ノット)」と呼ばれる代表的な基本結びのひとつ。配色やコードの渡し方によるアレンジの幅も広いので、まずはじめにマスターしておこう。

05　How to knot ≫ page.40
　　How to make ≫ page.148
2色の平結びブレスレット（上）
ベーシックな平結びでまずつくりたいのが
ブレスレット。表裏で配色が変わるのも面白い。

06　How to knot ≫ page.46
　　How to make ≫ page.148
クロスステッチ平結びブレスレット（下）
クロスしたコードの柄が個性的。
こちらは裏面がまったく違うデザインに。

07 How to knot ≫ page.40
How to make ≫ page.149
二重平結びのカメラストラップ

厚地に仕上がる二重平結びを生かして、
カメラをしっかり支えられるストラップに。

Elastic Solomon Bar
伸縮する平結び

伸縮する平結びは、自分用にはもちろん、プレゼントにもぴったりなフリーサイズのブレスレットがささっとつくれる結び方。ヘアゴムを芯にして、そのまわりに基本の平結びを結ぶだけなので、驚くほど簡単にメタルフリーのブレスレットができあがる。

01 芯にするヘアゴムを1本用意する。

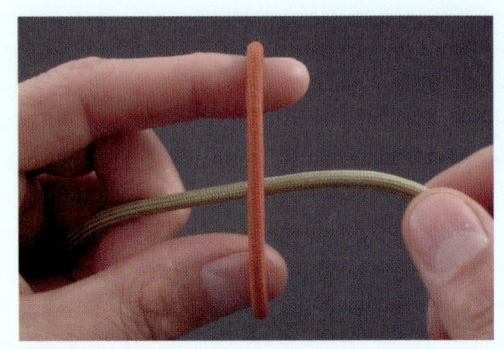

02 結びひもにするコードをヘアゴムに通し、コードの中央をヘアゴムに沿わせる。

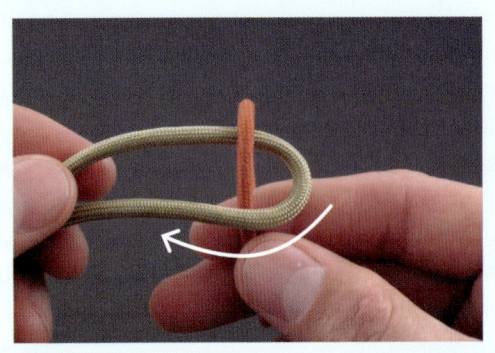

03 コードの右端を折り返し、ヘアゴムの手前から左側へ移す。

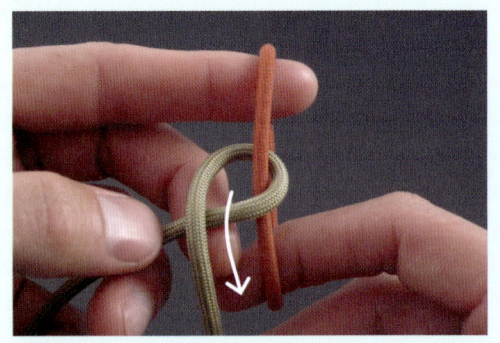

04 左のコードを手前に出し、下へ垂らす。

05 垂らしたコードの端をループに通し、ヘアゴムの向こう側から右上に出して引きしめる。03からここまでで平結び0.5回。

06 左のコードをヘアゴムの手前から右側へ移す。

Chapter 02　Wisdom of Solomon　Elastic Solomon Bar

用尺（フリーサイズブレスレット）⇒ 185cm を 1 本
テクニック ⇒ 平結び
Tips ⇒ 芯用に継ぎ目のないヘアゴムを 1 本用意しよう。

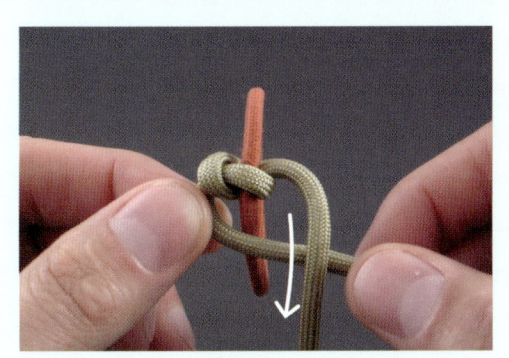

07 右のコードを手前に出し、下へ垂らす。

08 垂らしたコードの端をループに通し、ヘアゴムの向こう側から左上に出してしっかり引きしめる。ここまでで平結び 1 回。

09 ヘアゴムのまわりを 1 周するまで、03 〜 08 をくり返す。最後の結び目はとくにしっかり引きしめる。

10 コードの端を慎重にカットし、焼き止めすれば、フリーサイズのブレスレットのできあがり！

Solomon Bar (Two Color)
2色の平結び

平結びはパラコードクラフトのもっとも基本的なテクニック。見た目はスッキリ、技術的にも比較的簡単に結ぶことができる。整然と結び目が並ぶ気品あふれる結びは、どんな用途にも合う万能選手だ。ここでは2色のコードを使って結んでみよう。

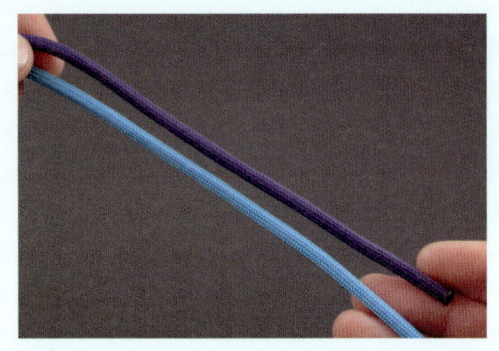

01 2本のコードをそろえて持ち、片方の端からブレスレットの仕上がり寸法プラス13cmの位置を測る（ブレスレットが21cmの場合34cm）。

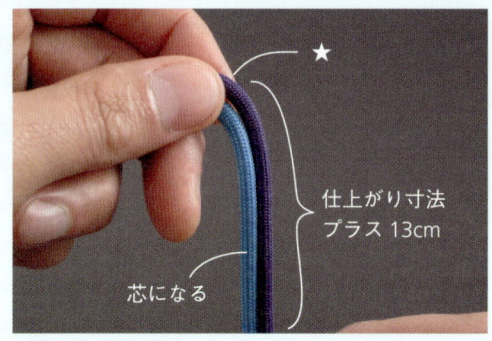

02 測った位置を左手で持つ。ここまでが芯、残りが結びひもになる。

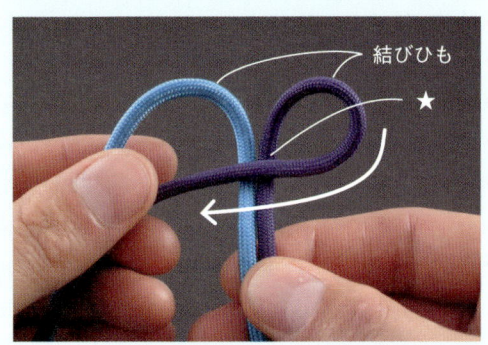

03 紺の結びひもを曲げ、芯の手前から左側へ移す。

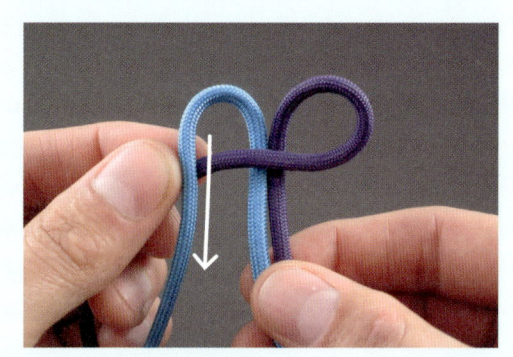

04 水色の結びひもを手前に出し、下へ垂らす。

05 垂らした結びひもの端を持ち上げ、右のループに向こう側から手前へと通す。

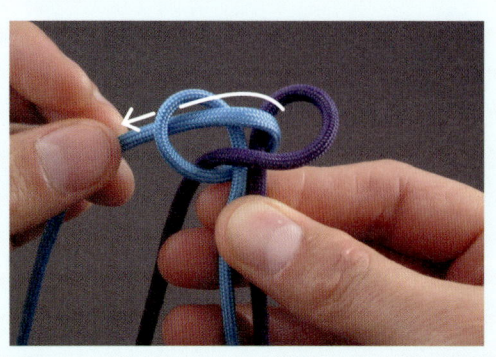

06 さらに水色の結びひもの端を左のループに手前から向こう側へと通す。

| Chapter 02 | Wisdom of Solomon | Solomon Bar (Two Color) | 41 |

用尺（長さ約 21cm のブレスレット）⇒ 150cm を 2 本
テクニック ⇒ 平結び
Tips ⇒ 表と裏の配色が違うリバーシブルデザインにも注目。

07 左に垂らした紺の結びひもの端を持ち上げ、右のループに向こう側から手前へと通す。

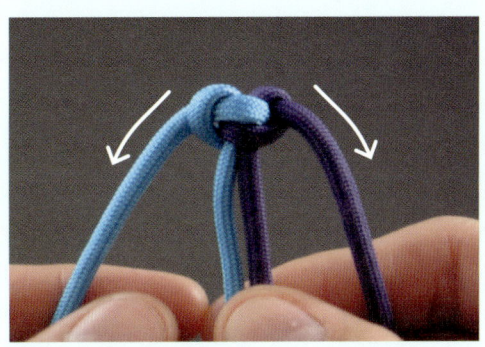

08 左右の結びひもを引きしめて、結び目をしっかり結ぶ。

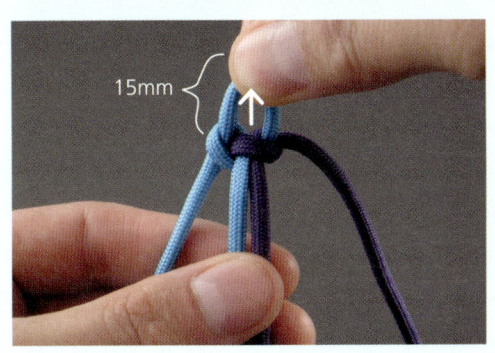

09 結び目の上側にある水色のコードを上に引き、高さ約 15mm のループをつくる。

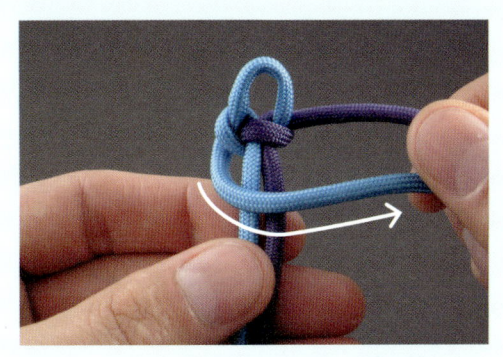

10 ここから平結びを結んでいく。水色の結びひもを芯の手前から右側へ移す。

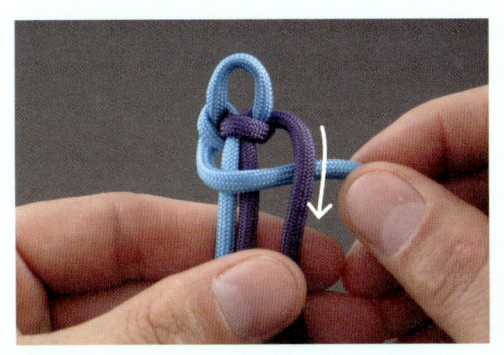

11 紺の結びひもを手前に出し、下へ垂らす。

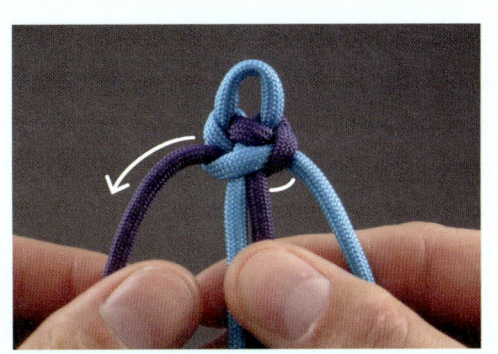

12 さらに紺の結びひもの端を持ち上げ、左のループに向こう側から手前へと通してしっかり引きしめる。10 からここまでで平結び 0.5 回。

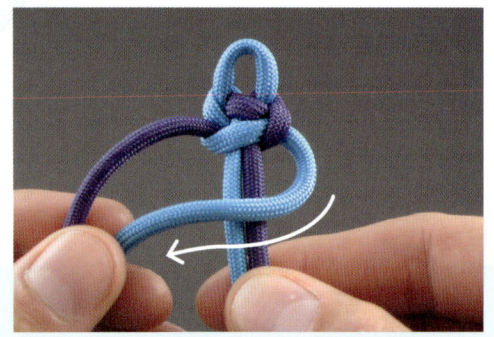

13 水色の結びひもを芯の手前から左側へ移す。

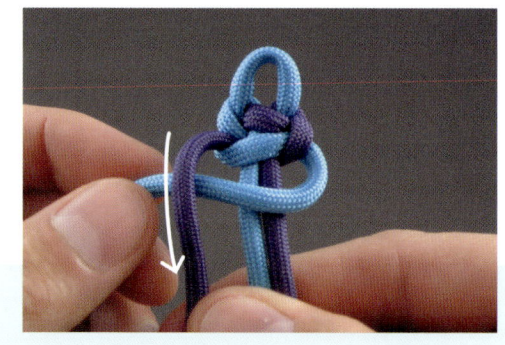

14 紺の結びひもを手前に出し、下へ垂らす。

15 さらに紺の結びひもの端を持ち上げ、右のループに向こう側から手前へと通してしっかり引きしめる。10 からここまでで平結び 1 回。

16 芯の残り寸法が 13cm 程度になるまで、10 〜 15 をくり返して平結びを結ぶ。

17 結びひもの端を慎重にギリギリでカットし、焼き止めする。

18 芯ひもで 2 本組みダイアモンドノット（→P.20）を結ぶ。

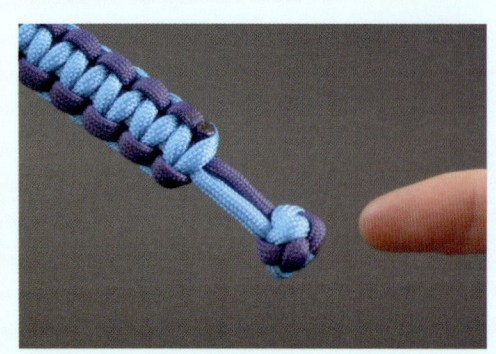

19 芯ひもの端も慎重にギリギリでカットし、焼き止めする。

20 2 色の平結びのブレスレットのできあがり。写真は裏面を表に出したパターン。

Chapter 02　Wisdom of Solomon　Stitched Solomon Bar　43

Stitched Solomon Bar
ステッチング平結び

ステッチング平結びは、スタンダードな平結び（→P.40）に2本のステッチラインを加えた結び方。ここで紹介するブレスレットバージョンは、驚くほど腕にぴったりフィットする。さあ、好みの長さになるまで結んでみよう。

用尺（長さ約21cmのブレスレット） ➡ A：210cm〈緑〉、B：100cm〈オレンジ〉を各1本
テクニック ➡ 平結び
Tips ➡ コードはコントラストのはっきりした2色に。

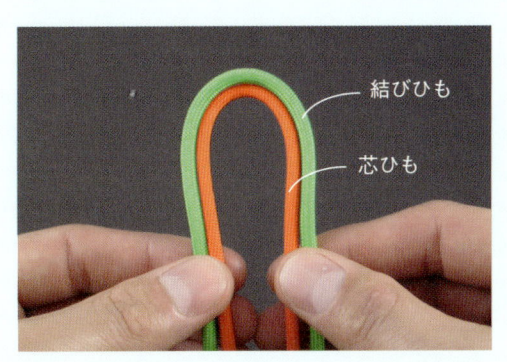

01 結びひも（緑コード）と芯ひも（オレンジコード）を束ねて持ち、中央から二つ折りにする。

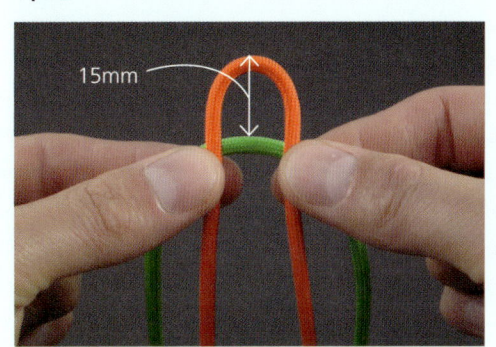

02 結びひもを芯ひもの向こう側に下ろし、芯ひものループの高さが15mm程度になる位置に合わせる。

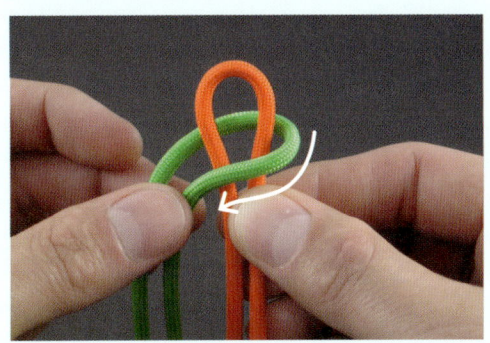

03 右の結びひもを芯ひもの手前から左側へ移す。

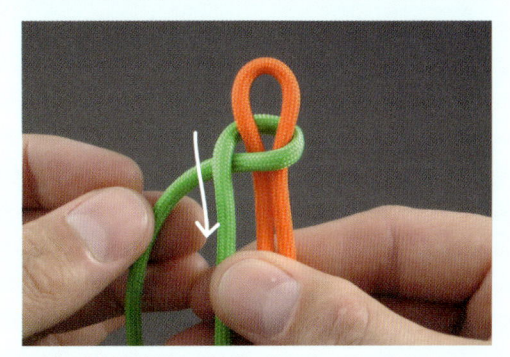

04 左の結びひもを手前に出し、下へ垂らす。

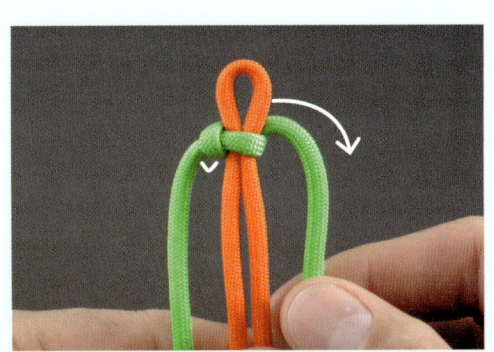

05 左の結びひもの端を持ち上げ、右のループに向こう側から手前へ通してしっかり引きしめる。

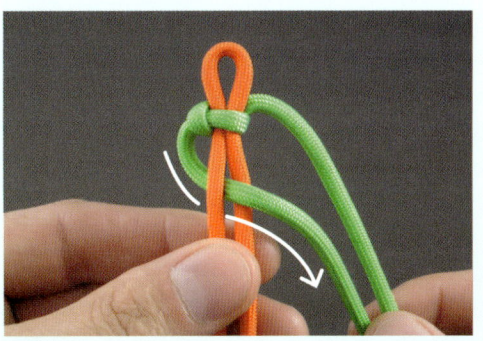

06 左の結びひもを2本の芯ひもの間から手前に出し、右へ移す。

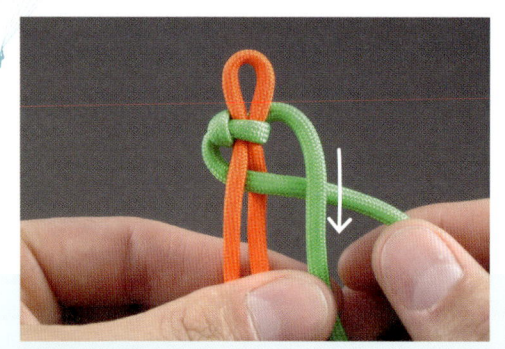

07 右の結びひもを手前に出し、下へ垂らす。

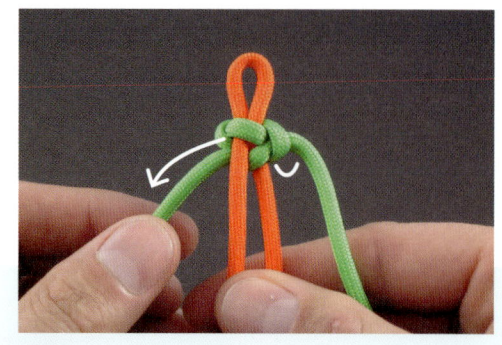

08 さらに右の結びひもの端を持ち上げ、左のループに向こう側から手前へと通してしっかり引きしめる。

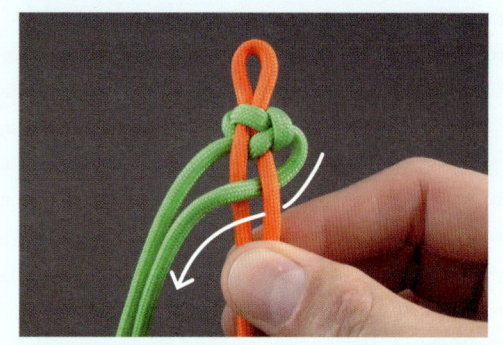

09 右の結びひもを2本の芯ひもの間から手前に出し、左へ移す。

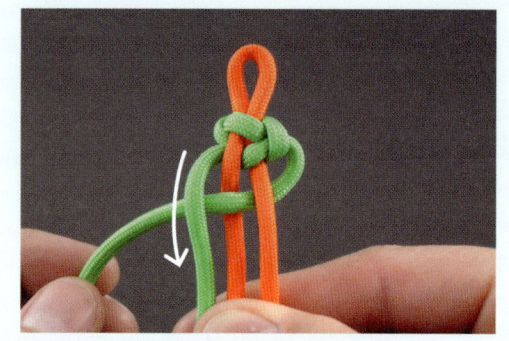

10 左の結びひもを手前に出し、下へ垂らす。

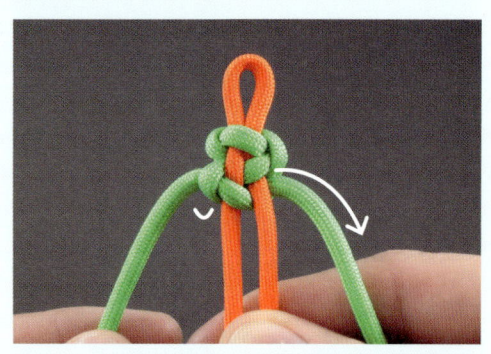

11 さらに左の結びひもの端を持ち上げ、右のループに向こう側から手前へと通してしっかり引きしめる。

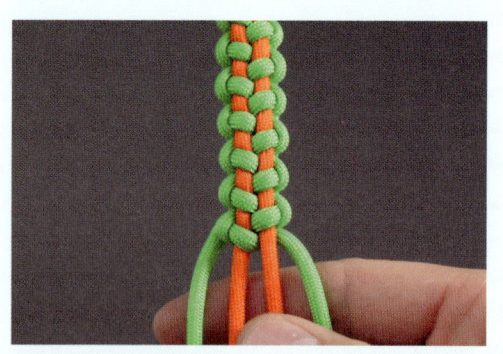

12 芯ひもの残りが約13cmになるまで、06〜11をくり返す。

13 最後の1回は、平結びを結ぶ。まず右の結びひもを芯ひもの手前から左へ移す。

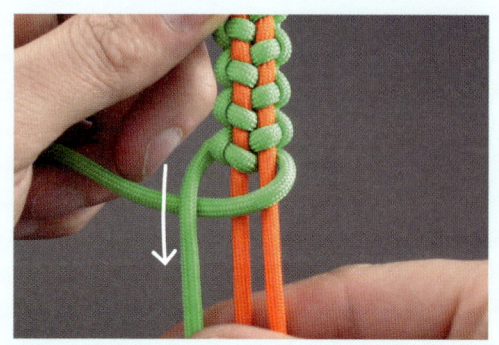

14 左の結びひもを手前に出し、下へ垂らす。

15	さらに左の結びひもの端を持ち上げ、右のループに向こう側から手前へと通してしっかり引きしめる。
16	左の結びひもを芯ひもの手前から右へ移す。
17	右の結びひもを手前に出し、下へ垂らす。
18	さらに右の結びひもの端を持ち上げ、左のループに向こう側から手前へと通してしっかり引きしめる。
19	結びひもの端を慎重にカットし、焼き止めする。
20	芯ひもで2本組みダイアモンドノット（→P.20）を結ぶ。
21	芯ひもの端も慎重にカットし、焼き止めする。
22	ステッチング平結びのブレスレットのできあがり。写真は表面を表に出したパターン。

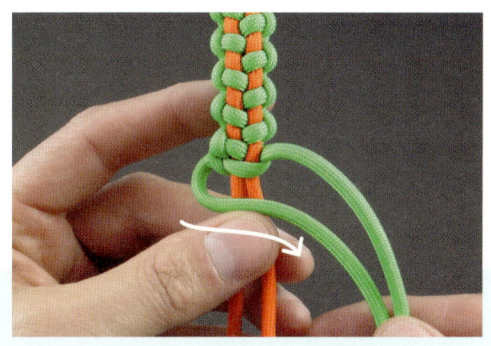

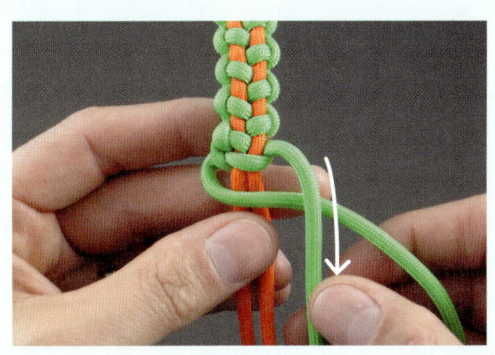

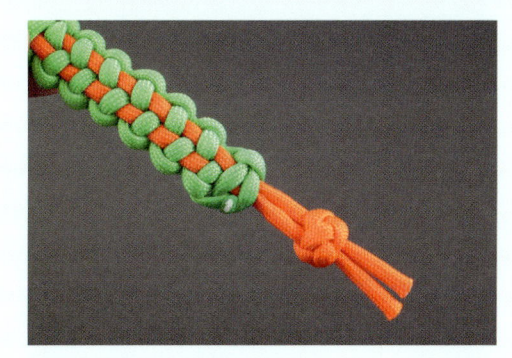

Crisscrossed Solomon Bar
クロスステッチ平結び

クロスステッチ平結びは、古典的な平結びをスペシャルバージョンにアレンジしたもの。ブレスレットにすると見栄えもよく、両面がそれぞれ異なるユニークな柄になるので、どちらの面を表に出して身につけてもいい。

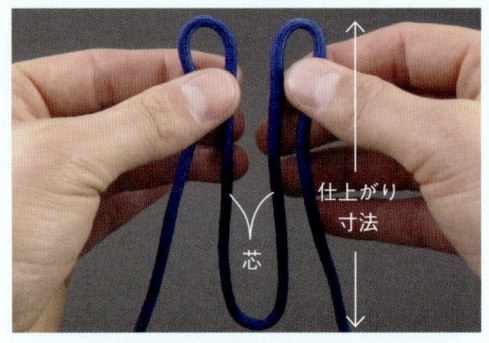

01 長いほうのコード（青）を中央で二つ折りにし、左右へそれぞれ仕上がり寸法分の位置でさらに二つ折りにする（内側の2本が芯になる）。

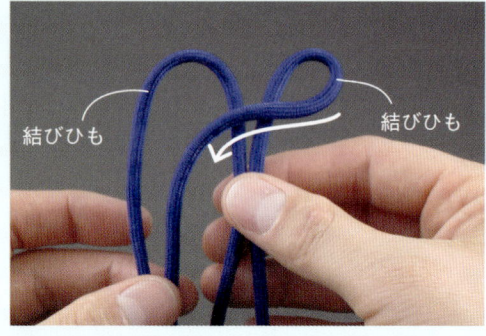

02 右の結びひもを芯ひもの手前から左へ移す。

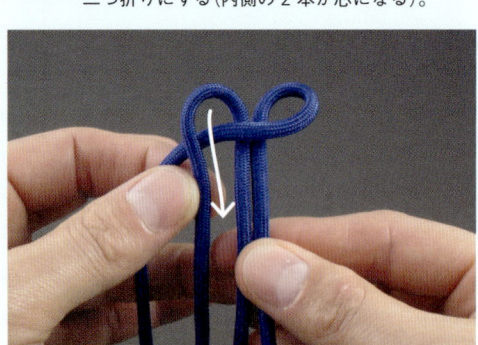

03 左の結びひもを手前に出し、下へ垂らす。

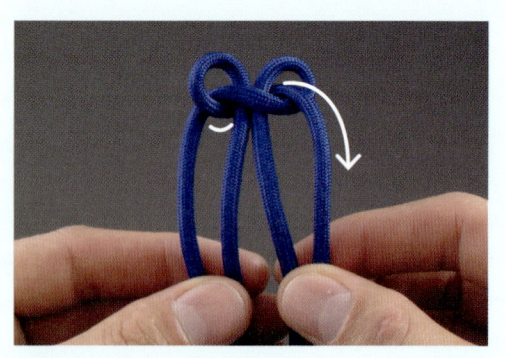

04 さらに左の結びひもの端を持ち上げ、右のループに向こう側から手前へと通す。

05 短いほうのコード（黄、ステッチひも）を取り出し……

06 左のループの向こう側から手前へ通し……

Chapter 02 | Wisdom of Solomon | Crisscrossed Solomon Bar | 47

用尺（長さ約 19cm のブレスレット）⇒ A：210cm〈青〉、B：130cm〈黄〉を各 1 本
テクニック ⇒ 平結び
Tips ⇒ コードはコントラストのはっきりした 2 色に。

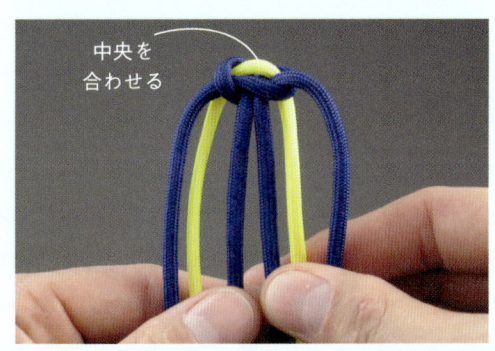

07 右のループの手前から向こう側へ通す。そのままステッチひもの中央が芯ひもの位置にくるまで、ステッチひもを右へ引く。

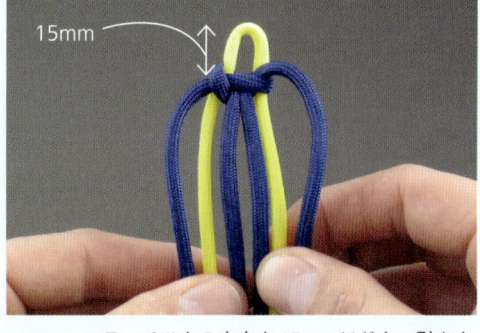

08 ステッチひもの中央を 15mm ほど上へ引き上げてループをつくる。結びひもを引きしめて、ステッチひもをしっかり固定する。

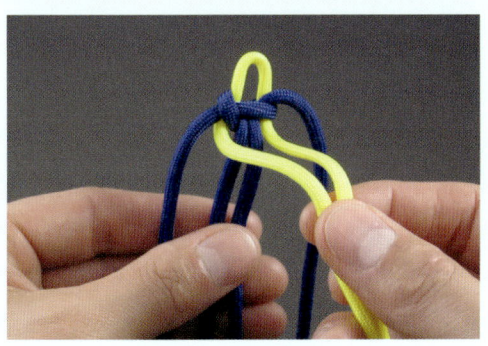

09 ステッチひもを手前に引き出す。

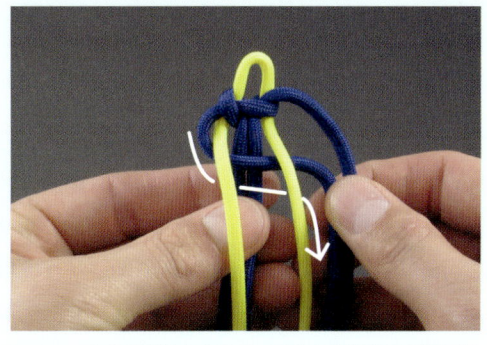

10 左の結びひもをステッチひもと芯ひもの間に通して右へ移す。

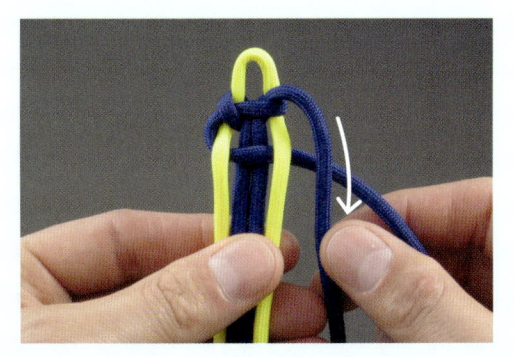

11 右の結びひもを手前に出し、下へ垂らす。

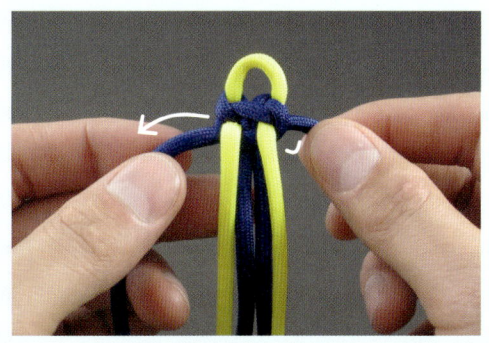

12 さらに右の結びひもの端を持ち上げ、芯ひもの向こう側を通して、左のループに向こう側から手前へと通す。

13 2本のステッチひもを、右を上にしてクロスさせ、芯ひもを包むようにして向こう側へ送る。

14 右の結びひもを芯ひもの手前から左へ移す。

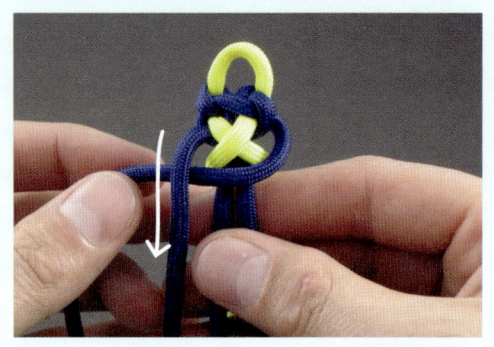

15 左の結びひもを手前に出し、下へ垂らす。

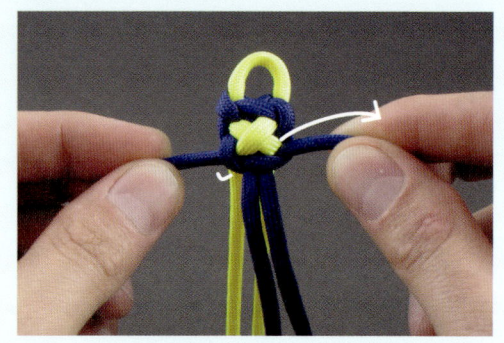

16 垂らした結びひもの端を持ち上げ、芯ひもとステッチひもの間を通し、右のループに向こう側から手前へと通す。結び目を引きしめる。

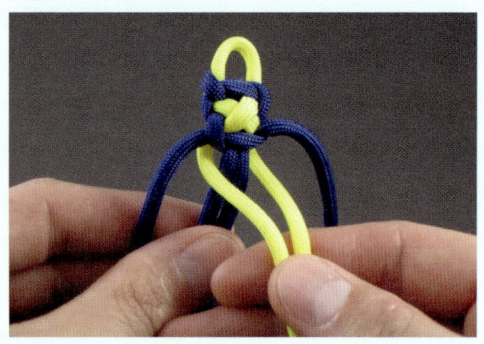

17 ステッチひもを手前に引き出す。

18 左の結びひもをステッチひもと芯ひもの間に通して右へ移す。

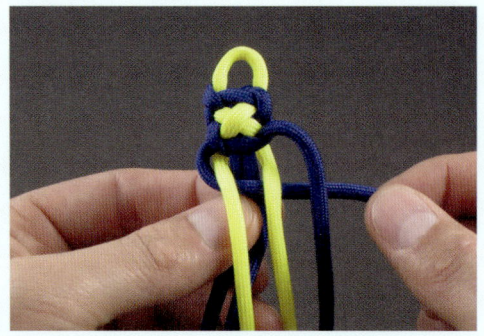

19 右の結びひもを手前に出し、下へ垂らす。

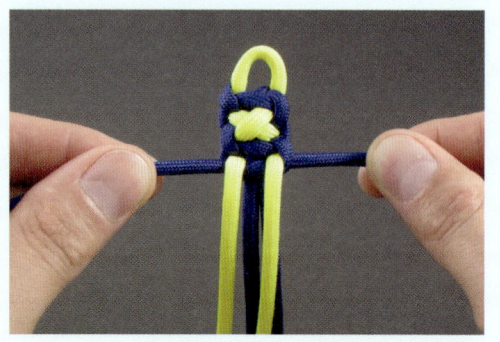

20 垂らした結びひもの端を持ち上げ、芯ひもの向こう側を通して、左のループに向こう側から手前へと通す。結び目を引きしめる。

| Chapter 02 | Wisdom of Solomon | Crisscrossed Solomon Bar | 49 |

21 残った芯ひものループの高さが13mm程度になるまで、13〜20をくり返す。

22 結びひもの端を慎重にカットし、焼き止めする。

23 ステッチひもの端をそろえて右手に持ち……

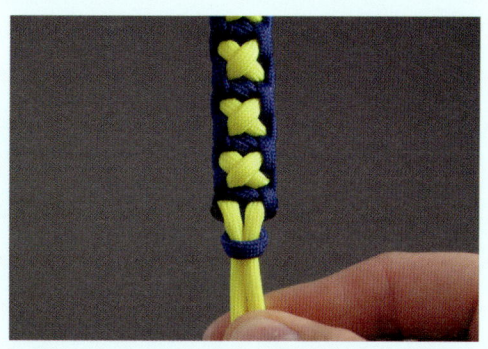

24 芯ひものループに手前から向こう側へと通す。

25 ステッチひもで2本組みダイアモンドノット（→P.20）を結ぶ。

26 ステッチひもの端を慎重にカットし、焼き止めする。

27 ステッチング平結びのブレスレットのできあがり。写真は表面を表にしたパターン。

28 裏面を表にすると写真のような別デザインになるので、1本で2本分楽しめる。

Double-Solomon Bar (Thin Line)
二重平結び（ライン入り）

ライン入りの二重平結びは、他者のために命をかける人たちへのお守りとしてつくられることが多い。父がカリフォルニア州オークランドで21年間警察官という命がけの仕事をしていたこともあり（現在はすでに引退）、ライン入り二重平結びは私にとって特別な思い入れのある結び方なのだ。

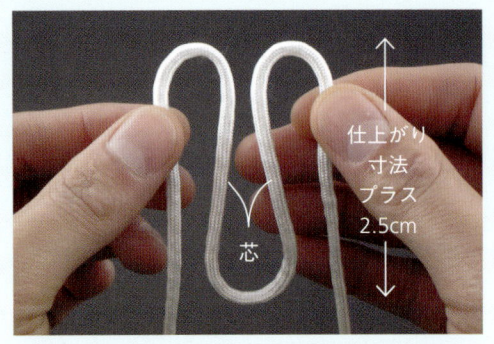

01 長いほうのコード（白）を中央で二つ折りにし、左右へそれぞれ仕上がり寸法＋約2.5cmでさらに二つ折りにする（内側の2本が芯になる）。

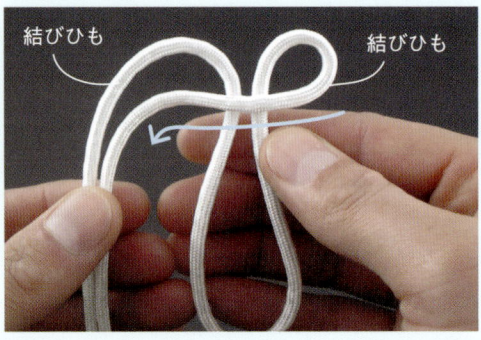

02 右の結びひもを芯ひもの手前から左に移す。

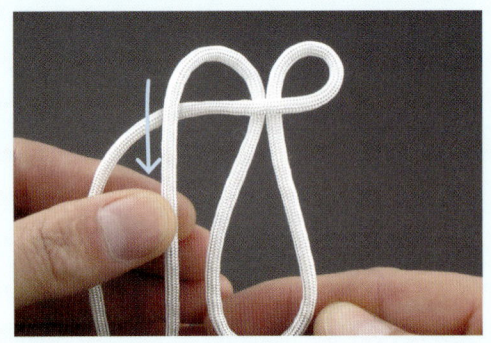

03 左の結びひもを手前に出し、下へ垂らす。

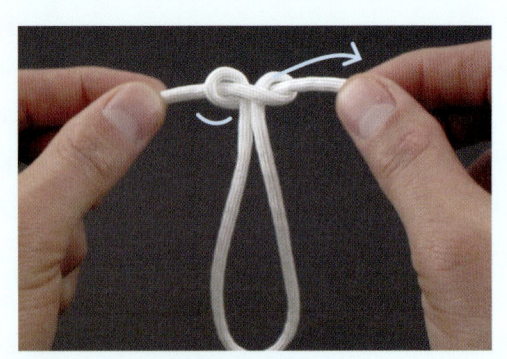

04 さらに左の結びひもの端を持ち上げ、右のループに向こう側から手前へと通し、しっかり引きしめる。

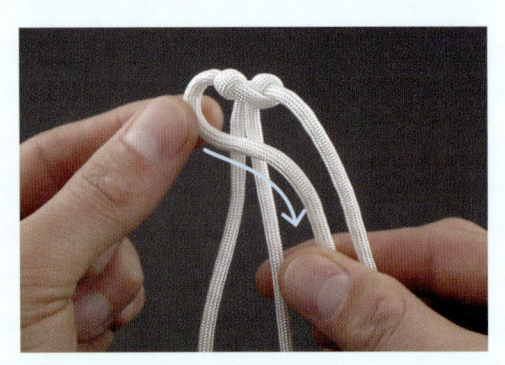

05 左の結びひもを芯ひもの手前から右に移す。

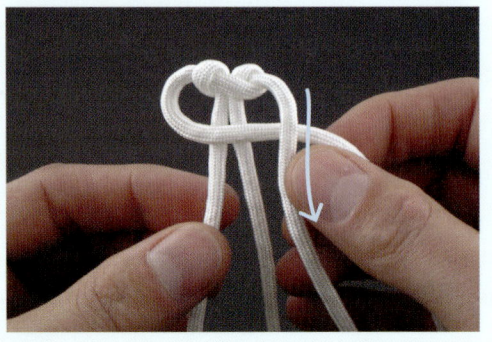

06 右の結びひもを手前に出し、下へ垂らす。

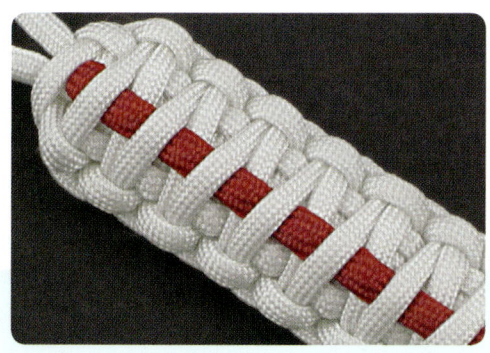

| | Chapter 02 | Wisdom of Solomon | Double-Solomon Bar (Thin Line) | 51 |

用尺（長さ約 9cm のチャーム） ➡ A：245cm〈白〉、B：45cm〈赤〉を各 1 本
テクニック ➡ 平結び
Tips ➡ ベーシックな平結びを芯にして、ラインを加えてから外側に再度平結びを結ぶ。ライン用のコードは、目立つ色を選ぼう。

07 垂らした結びひもの端を持ち上げ、左のループに向こう側から手前へと通し、しっかり引きしめる。

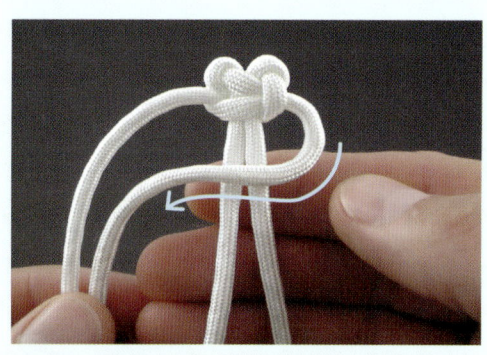

08 右の結びもを芯ひもの手前から左に移す。

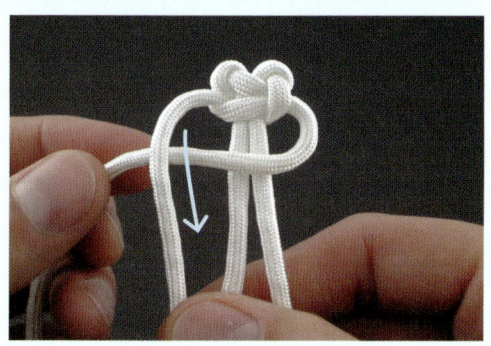

09 左の結びひもを手前に出し、下へ垂らす。

10 垂らした結びひもの端を持ち上げ、右のループに向こう側から手前へと通し、しっかり引きしめる。

11 残りのループの高さが約 2.5cm になるまで、05 ～ 10 をくり返す。

12 全体を上下逆にひっくり返す。

13 一番上の結び目をゆるめる。

14 短いほうのコード（赤、ステッチひも）を取り出し……

15 先端をトップのループの根元とゆるめた結び目の間に通し、向こう側へ出す。

16 ステッチひもを向こう側へ送り、ループの根元にステッチひもの中央を合わせたら、ゆるめた結び目をもう一度しっかりしめる。

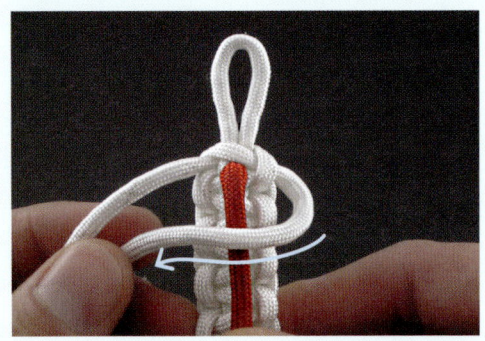

ステッチひもの中央を合わせる

17 右の結びひもをステッチひもの手前から左に移す。

18 左の結びひもを手前に出し、下へ垂らす（①）。続けて垂らした結びひもの端を持ち上げ、本体の後ろへまわして右のループに通す（②）。

19 左右の結びひもを引きしめる（裏側の赤コードも表側と同様に結び込んでいる）。

20 左の結びひもをステッチひもと本体の間から右へ移す。

| Chapter 02 | Wisdom of Solomon | Double-Solomon Bar (Thin Line) | 53

21 右の結びひもを手前に出して下へ垂らし（①）、本体の向こう側にあるステッチひもと本体の間から左のループに通す（②）。

22 左右の結びひもを引きしめる（裏側の赤コードも表側と同様に結び込んでいない）。

23 仕上がり寸法マイナス約15mmになるまで、17〜22をくり返す。

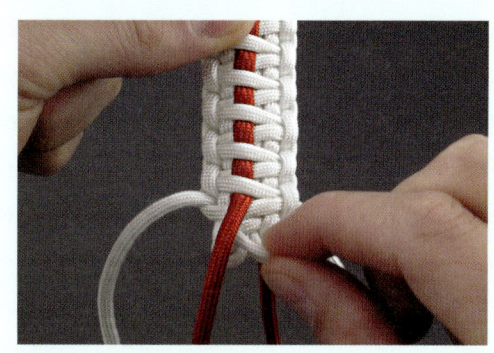

24 一番下の結び目の水平に渡ったコードを少し引き出す。

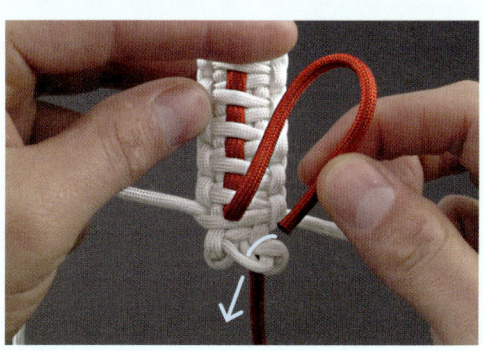

25 ステッチひもの端を持って、矢印のように通し……

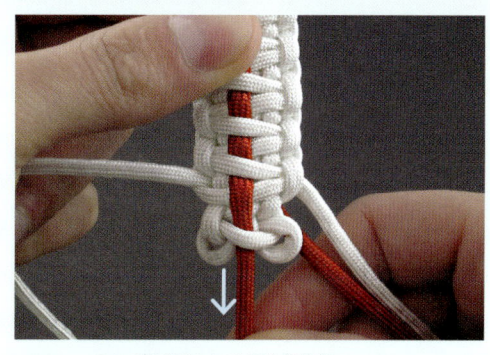

26 ループの下にすべて引き出す。

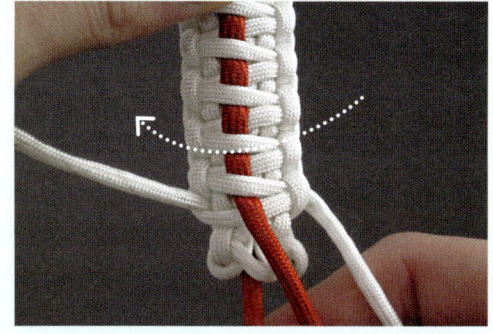

27 全体を水平方向へひっくり返す（裏側を向ける）。

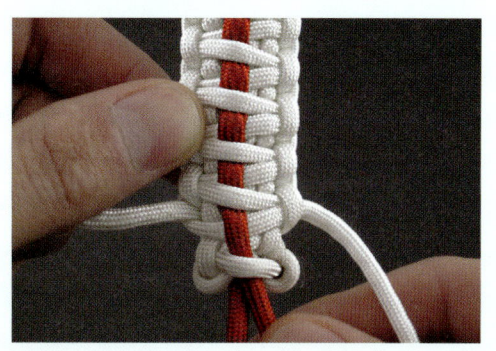

28 裏面でも、24〜26をくり返す。

29 一番下の右のループを広げ……

30 左のループも広げる。

31 左の結びひもの端を持ち、左のループに手前から向こう側へ、矢印のように通す。

32 結びひもをループの下にすべて引き出す。

33 右の結びひもも31、32と同様に右のループに通して引き出すが、こちらは向こう側から手前へ通す。

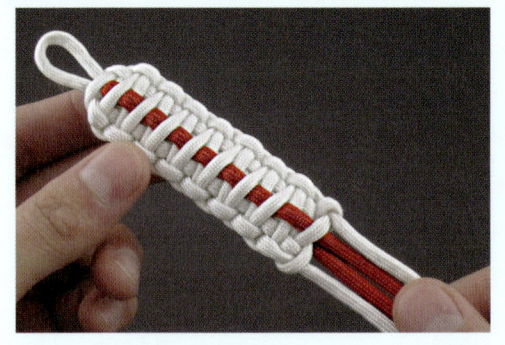

34 本体の下にぶらさがった4本のコードの端をきれいにそろえ……

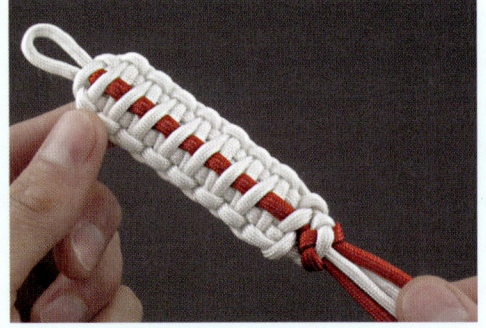

35 とめ結びとして、4本組みダイアモンドノット（→P.23）を結ぶ。

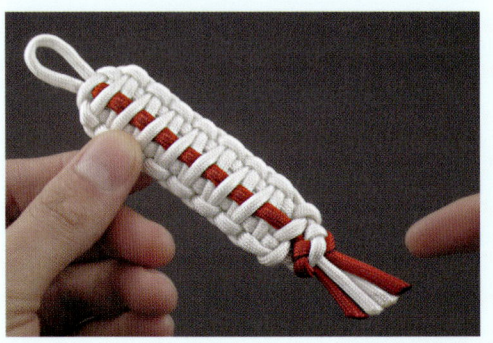

36 コードの端を慎重にカットし、焼き止めする。

Chapter 03

Strapping it Up

8の字結びのバリエーション

8の字結びは、芯ひもに結びひもをからめていくだけでできる、シンプルで簡単な初心者にぴったりの結び。配色やちょっとしたアレンジを加えてデザインの遊びも楽しもう。

08　How to knot ≫ page.64
　　　How to make ≫ page.150

簡単リングボルトヒッチの
カラビナストラップ（左）

単色の凝った結び目に見えて、じつは簡単。
さっと結んでさりげなく使いたいストラップ。

09　How to knot ≫ page.66
　　　How to make ≫ page.150

ダブルステッチング8の字結びの
カラビナストラップ（右）

見る角度によっていろんな表情になる結びだから
360度、どの方向からも楽しめるストラップに。

11 How to knot ≫ page.60
How to make ≫ page.151

2色の8の字結びブレスレット（中）

8の字結びを2色で結ぶと、イメージが一変。
長さ調整ひも部分の色はお好みの1色で。

10 How to knot ≫ page.58
How to make ≫ page.151

8の字結びブレスレット（上）

芯ひもに結びひもをひたすら巻きつけた
ブレスレットは、見た目もつけ心地もしなやか。

12 How to knot ≫ page.62
How to make ≫ page.151

ステッチング8の字結びブレスレット（下）

8の字結びの中央に背骨のような結び目の筋。
微妙なデザインの違いに注目！

Switchback Strap
8の字結び

8の字結びは比較的簡単な結びなので、ワークショップなどで入門編として最初に紹介する結びのひとつにしている。今回はストラップにちょっとしたプラスアルファをすることで、長さ調整が可能なブレスレットにする方法を紹介しよう。

用尺（サイズ調整可能なブレスレット） ⇒ 200cmを1本
テクニック ⇒ 8の字結び
Tips ⇒ 8の字結びはロープにこぶをつくるロープワークのテクニック。これを2本の芯に巻きつけて結ぶ。

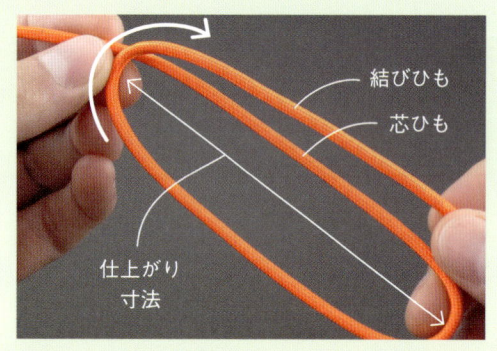

01 コードの左端から約13cmのところを左手で持ち、高さを仕上がり寸法に合わせた時計まわりのループをつくる（このループが芯になる）。

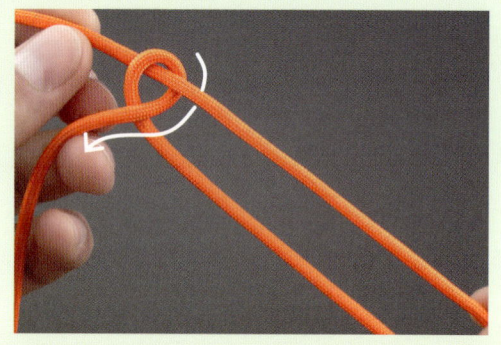

02 結びひもを右の芯ひもにからげてループに通し、左側へ出す。

03 続けて結びひもを左の芯ひもにからげてループに通し、右側へ出す。

04 02をくり返し……

05 続けて03をくり返し、ひとつ前の列との間にすき間があかないようにきっちり詰めて「8の字」を重ねていき……

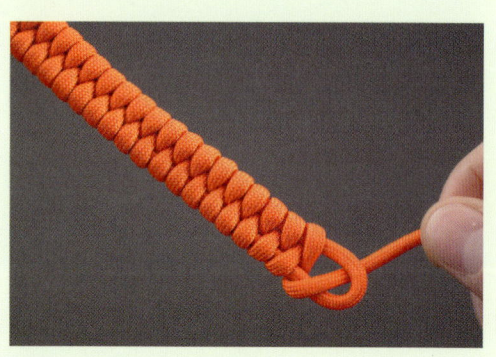

06 結びひもの残りが約13cmになるまでくり返す。

Chapter 03 — Strapping it Up — Switchback Strap

07 全体を整えて……

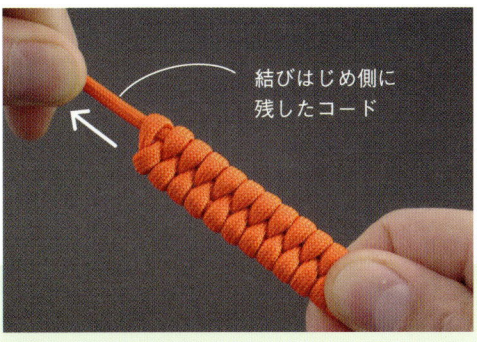

08 結びはじめ側に残しておいたコードを引く(反対側のループがしまる)。

結びはじめ側に残したコード

09 8の字結びはこれでできあがり。

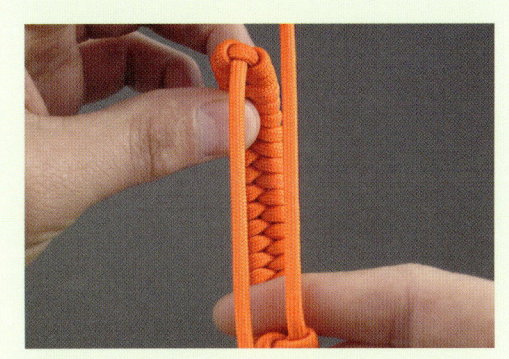

10 ここからはブレスレットにする方法。まずコードの端を互い違いに並べる。

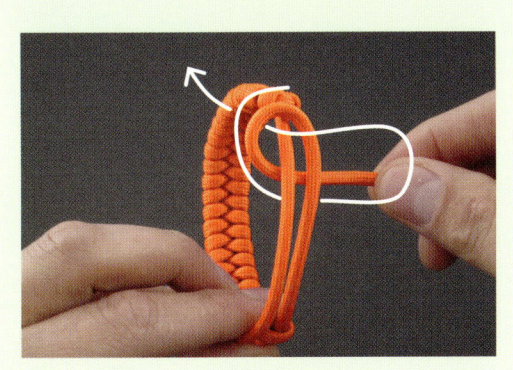

11 右のコードを矢印のように動かして、2本のコードを束ねるように結ぶ。

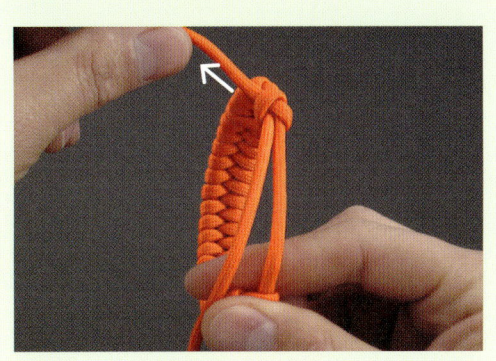

12 コードの端をしっかり引いてかたく結ぶ。

13 上下をひっくり返し、反対側も11〜12と同様に結ぶ。

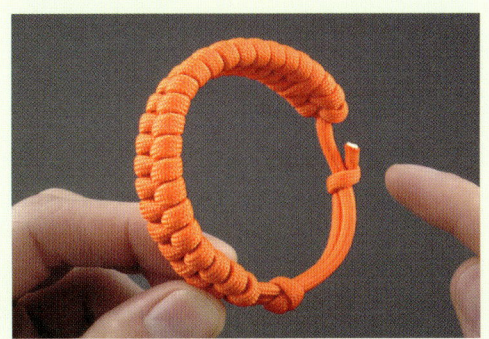

14 コードの端を慎重にカットし、焼き止めすればブレスレットのできあがり。身につけるときは結び目をスライドさせて長さを調節する。

Switchback Strap (Two Color)
8の字結び（2色）

2色づかいの8の字結びは、色の違うコード2本で8の字結びをしただけ。とはいえ、あなどることなかれ。ただ一緒に結べばいいわけではなく、多くの人が見落としがちな結び方のポイントがある。いったいどこがポイントなのか、よく注意しながら結んでみてほしい。

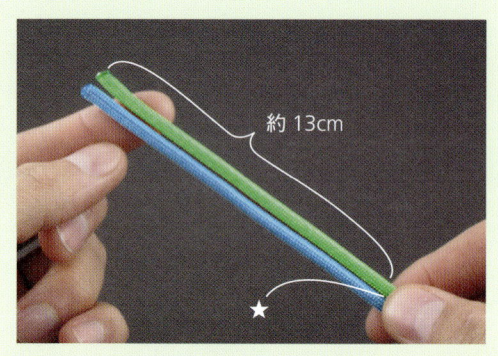

01 2本のコードを引きそろえて持ち、左端から約13cmのところを測る。

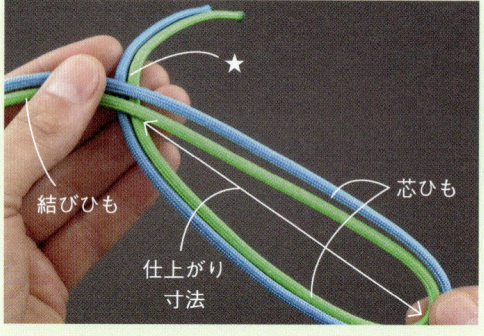

02 13cm分を上に残して左手に持ち、残りの部分で高さを仕上がり寸法に合わせた反時計まわりの輪をつくる（これが芯になる）。

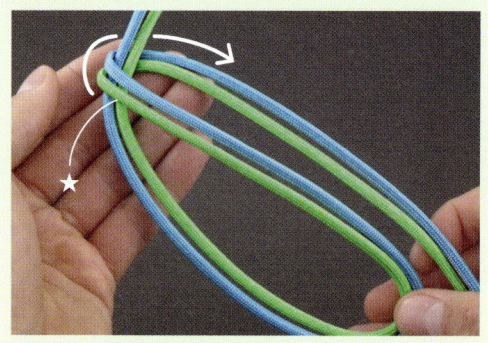

03 結びひもを2本一緒に矢印のようにからげ、向こう側へまわす。★の位置が右斜め上にくるように持ち替える。

04 外側になっている青の結びひもだけを右の芯ひも2本にからげてループに通し、左へ出す。

05 続けて青の結びひもを左の芯ひも2本にからげてループに通し、右へ出す。

06 次に緑の結びひもだけを右の芯ひも2本にからげてループに通し、左へ出す。

Chapter 03　Strapping it Up　Switchback Strap (Two Color)　61

用尺（長さ約 13cm のストラップ）→135cm を 2 本
テクニック→8 の字結び
Tips→2 本のコードはコントラストのはっきりとした色を選ぼう。

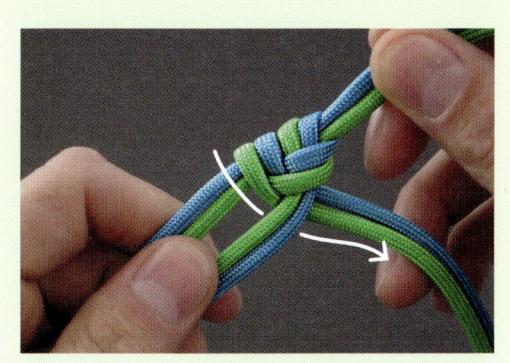

07　続けて緑の結びひもを左の芯ひも 2 本にからげてループに通し、右へ出す。

08　結びひもの残りが約 13cm になるまで 04 〜 07 をくり返す。

09　結びひも 2 本の端を 2 本のループの間に通す。

10　全体を整えて……

11　結びはじめに残したコードを引く（反対側のループがしまる）。

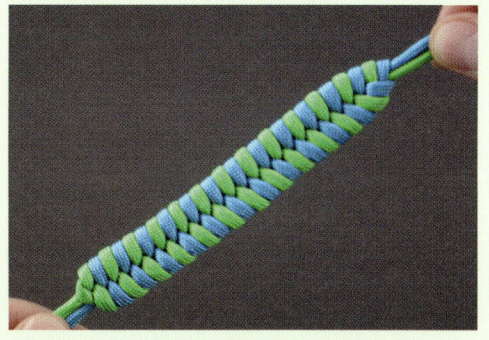

12　2 色が 1 本にまとまった 8 の字結びのストラップのできあがり。

Stitched Switchback Strap
ステッチング8の字結び

ステッチング8の字結びは、ベーシックなストラップの中央にステッチラインを加えたもの。この結びをはじめとする本章の結びは、しっかりしていて人目もひくので、ストラップや持ち手、ブレスレット、ネックレスなどをつくるときにおすすめだ。

用尺（長さ約10cmのストラップ） ➡ 185cmを1本
テクニック ➡ 8の字結び
Tips ➡ この結び方では本体もステッチラインも、すべて1本のコードで結ぶ。

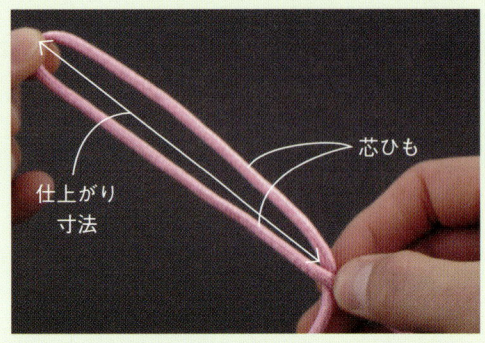

01 コードの右端から約13cm残し、高さをストラップの仕上がり寸法に合わせた反時計まわりのループをつくる。

02 残した13cmが右側にくるように持つ。

03 左のコード（結びひも）を矢印のように動かしてループに通す。

04 通したコードを折り返し、ループの手前を通って左へ移す。

05 さらに矢印のように動かしてループに通す。

06 コードを矢印の方向に引いて結び目を引きしめる。

Chapter 03 Strapping it Up — Stitched Switchback Strap

07 結びひもを2本の芯ひもの間に手前から向こう側へ通す。

08 右の芯ひもにからげ、芯ひもの手前を通して左へ移す。

09 左の芯ひもにからげ、矢印のように通して手前に出す。

10 結びひもを引き、結び目をしっかり引きしめる。

11 結びひもの残りが13cm程度になるまで、7～10をくり返す。

12 全体を整えたら、結びひもの端をループに手前から向こう側へ通す。

13 結びはじめ側に残したコードを引く(結び終わり側のループがしまる)。

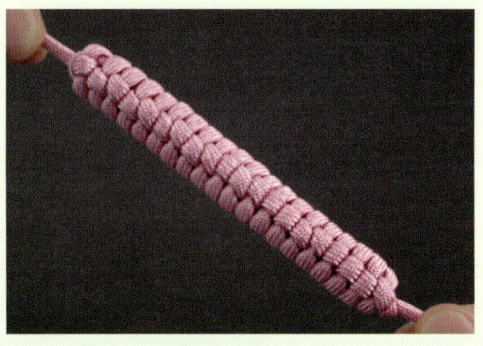

結びはじめに残したコード

14 ステッチの目をまっすぐきれいに整えれば、ステッチング8の字結びのストラップのできあがり。

Ringbolt Hitch Viceroy
簡単リングボルトヒッチ（輪かがり結び）

簡単リングボルトヒッチは、ロープワークの「リングボルトヒッチ」の幾重にも織り込まれたような結び目を簡単に結べるようにしたもの（本来のリングボルトヒッチは結ぶのがかなり難しい）。当初はストラップ用にしていたけれど、スタイリッシュなブレスレットとしてもおすすめ。

用尺（長さ約10cmのストラップ） ➡ 185cmを1本
テクニック ➡ 8の字結び
Tips ➡「リングボルトヒッチ」はマクラメでは「輪かがり結び」と呼ばれている。

01 コードの左端から約13cmを残し、高さを仕上がり寸法に合わせた時計まわりのループをつくる。

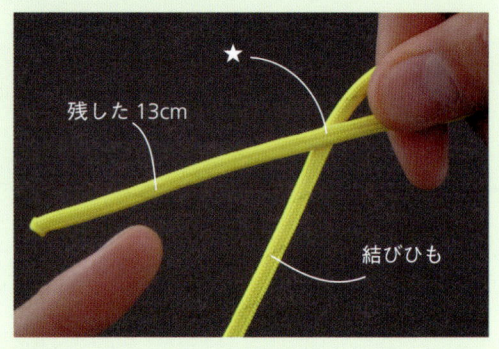

02 残した13cmが左側にくるように持つ。

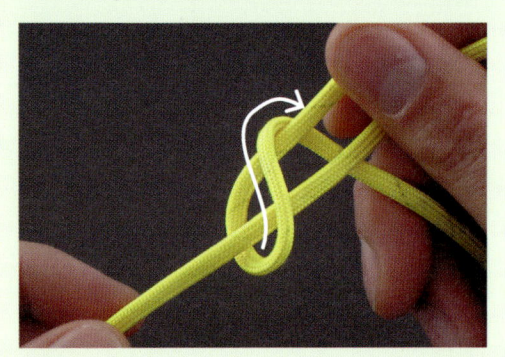

03 結びひもを持ち上げ、矢印のようにループにからげ……

04 矢印のようにループに通す。

05 結びひもを引いて結び目を引きしめる。

06 さらに結びひもを右上に持ち上げ、右の芯ひもに矢印のようにからげてひも端をループに通す。

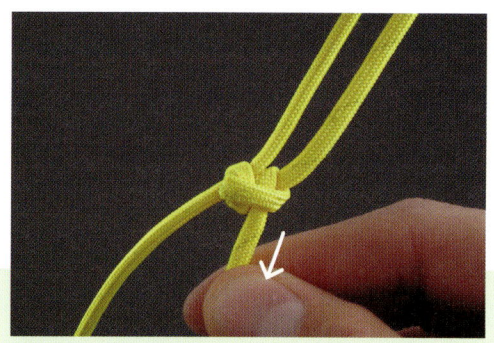

Chapter 03　　Strapping it Up　　Ringbolt Hitch Viceroy　　65

07 結びひもを引いて結び目を引きしめる。

08 結びひもを左上に持ち上げ、左の芯ひもに矢印のようにからげてひも端をループに通す。

09 結びひもを引いて結び目を引きしめる。

10 結びひもの残りが13cm程度になるまで、06～09をくり返す。

11 全体を整え、結びひもの端を持つ。

12 結びひもの端をループに通す。

13 結びはじめ側に残したコードをしっかり引く（結び終わり側のループがしまる）。

結びはじめに残したコード

14 これで、見た目がリングボルトヒッチそっくりなストラップのできあがり。

Double-Stitched Switchback Strap
ダブルステッチング8の字結び

ダブルステッチング8の字結びは、その名の通り、ステッチング8の字結び（→P.62）をさらに発展させたもの。コードを1本増やしてステッチラインを2本に増やすのだが、左の写真のように違う色のコードをプラスして2色づかいにするのがおすすめだ。

用尺（長さ約13cmのストラップ）→ 140cmを2本
テクニック → 8の字結び
Tips → コードはコントラストのはっきりした2色に。

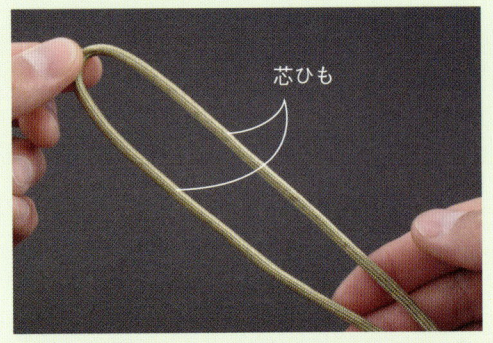

01 1本めのコード（ベージュ）の左端からストラップの仕上がり寸法プラス約13cmのところを頂点にして、二つ折りにする。

02 コードの左端から約13cm上のところを、図のように持つ。

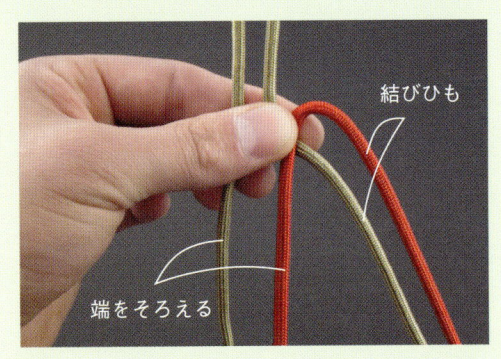

03 02で持った位置に、2本めのコード（赤）の左端から約13cmの位置を合わせて持つ（コードの端をそろえる）。

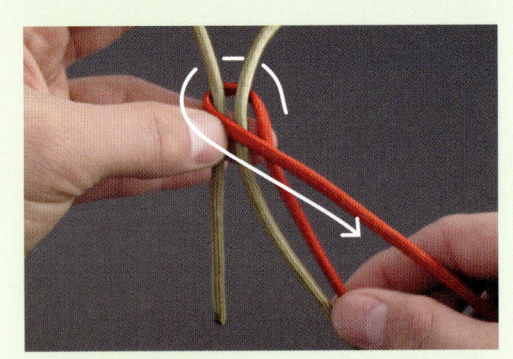

04 赤の結びひもをベージュコード2本に矢印のように巻きつけ、クロスさせたままベージュコードの向こう側に置く。

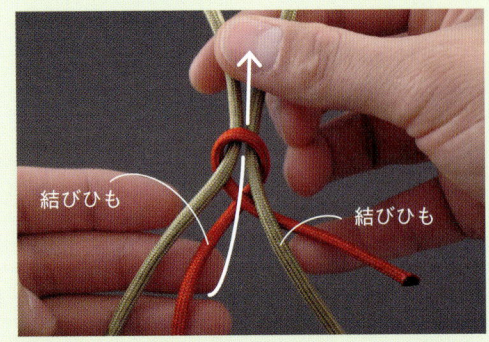

05 さらに赤の結びひもの端を持ち上げ、矢印のようにループに通し……

06 ループの上に引き出す。

Chapter 03　Strapping it Up　Double-Stitched Switchback Strap

07 赤コードの結び目をしっかり引きしめる。

08 赤の結びひもを下に下ろす。

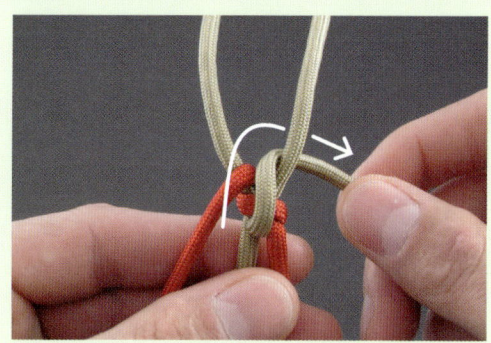

09 ベージュの結びひもを持ち上げ、芯ひものループに矢印のように通す。

10 さらにループの手前を通って左へ移し……

11 左の芯ひもにからげて矢印のように引き出す。

12 結び目をしっかり引きしめ、ベージュの結びひもを右側に固定する。

13 赤の結びひもを持ち上げ、芯ひものループに矢印のように通す。

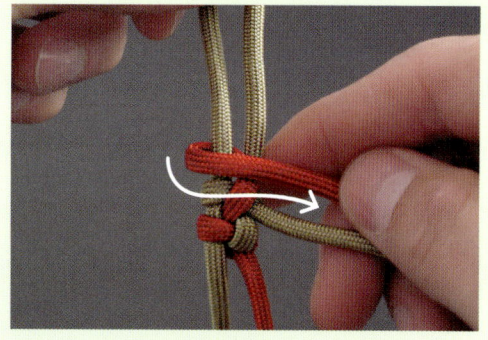

14 さらにループの手前を通って右へ移し……

15 右の芯ひもにからげて矢印のように引き出す。

16 結び目をしっかり引きしめ、赤の結びひもを左側に固定する。

17 2本の結びひもの残りが約13cmになるまで、09〜16をくり返す。

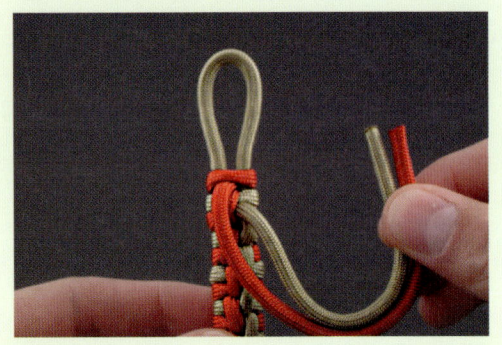

18 全体を整え、2本の結びひもの端をそろえて持つ。

19 2本の結びひもの端をループに手前から向こう側へと通す。

20 結びはじめ側に残したベージュのコードだけをしっかり引く(結び終わり側のループがしまる)。

結びはじめに残したコード

21 赤、ベージュ、それぞれのステッチがまっすぐ並ぶよう結び目を整える。

22 ダブルステッチング8の字結びのストラップのできあがり。

Chapter 04

Endless Falls

エンドレスフォールのバリエーション

エンドレスフォールは、流れ落ちる滝(フォール)のような動的パターンの面と、対照的な静的パターンの面が表裏をなすのが特徴。パターンのバリエーションも豊富だ。

13 How to knot ≫ page.79
How to make ≫ page.152

ショートステッチ
エンドレスフォールのベアベル(左)

トリコロールの3色でストラップを結び、
音だけでなく見た目も目立つベアベルに。

14 How to knot ≫ page.82
How to make ≫ page.153

ブロッキング
エンドレスフォールのベアベル(右)

こちらはラスタカラーの3色でビビッドに。
黄色の"フォール"柄が引き立つ配色がおすすめ。

15 How to knot ≫ page.74
How to make ≫ page.152

色分けエンドレスフォール
ブレスレット(左)

"フォール"の色がセンターで2色に分かれる
デザインは、メリハリの利いた配色で結ぼう。

16 How to knot ≫ page.72
How to make ≫ page.153

エンドレスフォール
ブレスレット(右)

丈夫なコードのブレスはこんなふうに使うと、
ザックに荷物をぶら下げるときにも活躍。

Endless Falls
エンドレスフォール

エンドレスフォールとは、画期的なテクニックによりコードで滝（フォール）のような模様を描き出す結びのこと。躍動感ある表面とは反対に穏やかな裏面の模様も魅力的。アレンジしやすい結びなので、たくさんのアレンジバージョンのベースになっている。

用尺（長さ約21cmのブレスレット） A：200cm〈青〉、B：170cm〈黄〉
テクニック エンドレスフォール
Tips 結ぶときには、穏やかな模様の裏面を見て結ぶ。

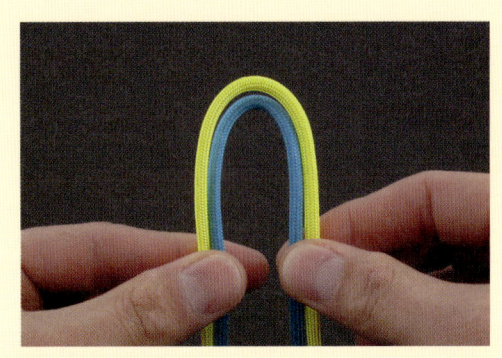

01 2本のコードをそろえて持ち、中央で二つ折りにする。

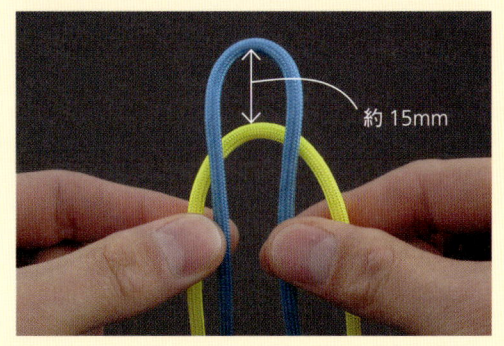

02 黄コードを青コードの向こう側におき、二つ折りの頂点から約15mm下げる。

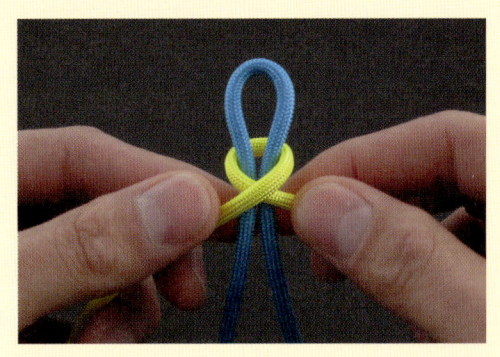

03 黄コードを青コードの手前で右を上にして交差させる。

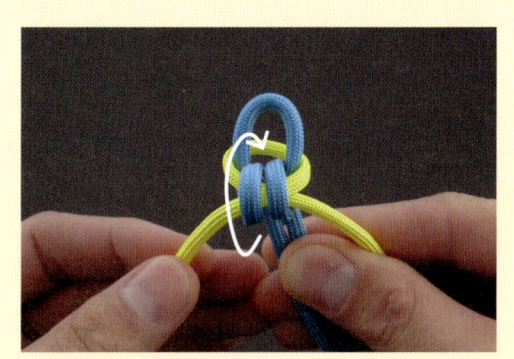

04 青コード2本を交差させた黄コードに巻きつけ、二つ折りの間を通して下へ出す。

05 結び目がしっかりしまるまで4本のコードを引きしめる。このときトップの二つ折りの高さが15mmになるよう整えておく。

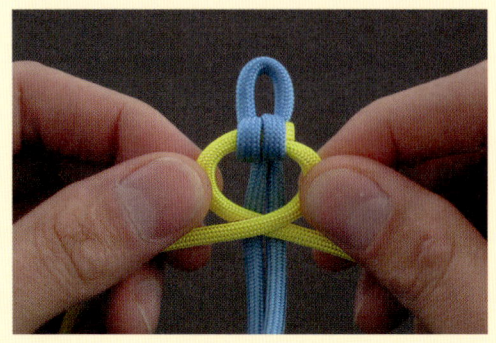

06 黄コードを青コードの手前で右を上にして交差させる。

| Chapter 04 | Endless Falls | 73 |

07 青コード2本を交差させた黄コードに巻きつけ、前回の結び目の下に出た青コード2本の間を通して下に出す。

08 結び目がしっかりしまるまで4本のコードを引きしめる。

09 4本のコードの残りがそれぞれ約25cmになるまで06〜08をくり返す。

10 とめ結びとして、4本組みダイアモンドノット（→P.23）を結ぶ。

11 同じ色のコード2本（色はどちらでもOK）を慎重にギリギリでカットし、焼き止めする。

12 少しすき間をあけて、残りのコード2本で2本組みダイアモンドノット（→P.20）を結ぶ。

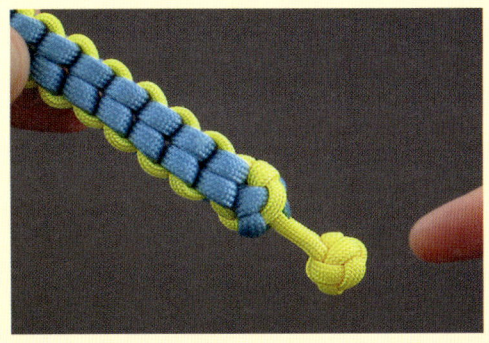

13 コードの端を慎重にギリギリでカットし、焼き止めする。

14 エンドレスフォールのブレスレットのできあがり。写真は表面の"フォール（滝）"模様を表に出したパターン。

Divided Endless Falls
色分けエンドレスフォール

色分けエンドレスフォールは、スタンダードなエンドレスフォールの美しい結び目の流れと、くっきり色分けされた2本のコードが隣り合うレイアウトをあわせもつ結び。印象的、かつ魅力的な仕上がりとなり、注目の的になること請け合いだ。

用尺(長さ約21cmのブレスレット) ➡ 200cmを2本
テクニック ➡ エンドレスフォール
Tips ➡ スタンダードなエンドレスフォール(➡P.72)とのコード配置の違いに要注意！

01 2本のコードをそろえて持ち、中央で二つ折りにする。

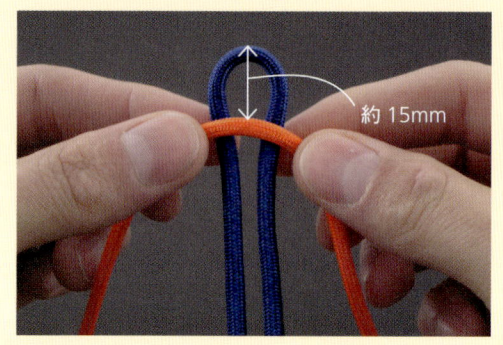

02 オレンジコードを青コードの手前におき、二つ折りの頂点から約15mm下げる。

03 右の青コードを左側の青、オレンジコードの手前を通して左へ移す。

04 さらに右の青コードをトップのループに巻きつけて……

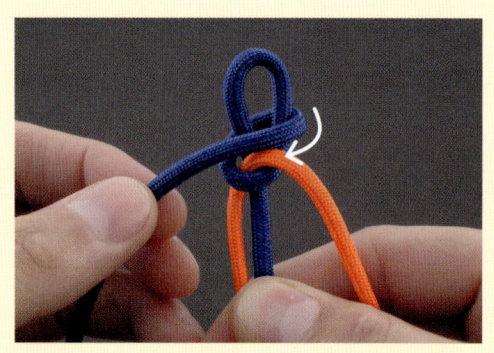

05 トップのループの手前を通して左へ移し……

06 左側にできた青コードのループに通す。これで青コードで「とめ結び」をしたことになる。

| | | Chapter 04 | Endless Falls | Divided Endless Falls | 75 |

07 結び目がしっかりしまるまで青コードを引きしめ……

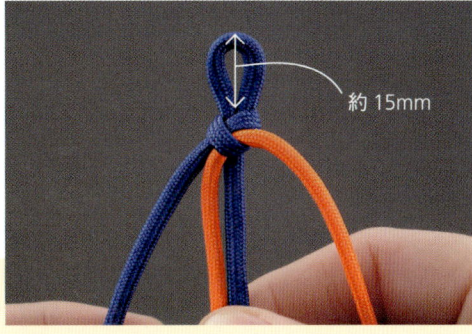

08 トップのループの高さが約15mmになるよう整える。

09 左端の青コードを右へ、右端のオレンジコードを左へ移し、2本のコードを交差させる。

10 中央のオレンジコードと青コードを交差部分に巻きつけ、前回の結び目の下に出た2本のコードの間を通して下に出す。

11 結び目がしっかりしまるまで4本のコードを引きしめる。

12 4本のコードの残りが約25cmになるまで09〜11をくり返す。

13 とめ結びとして、4本組みダイアモンドノット（→P.23）を結ぶ。

14 違う色のコード各1本を慎重にギリギリでカットし、焼き止めする。

15 少しすき間をあけて、コード2本で2本組みダイアモンドノット(→P.20)を結ぶ。

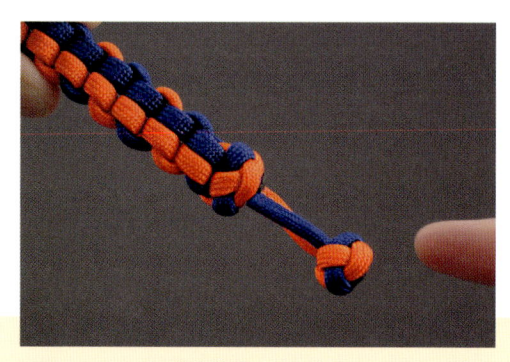

16 コードの端を慎重にギリギリでカットし、焼き止めする。

17 色分けエンドレスフォールのブレスレットが完成。写真は穏やかな面を表に出したパターン。

18 こちらは"フォール"を表に出したパターン。

Chained Endless Falls
ロングステッチエンドレスフォール

スタンダードなエンドレスフォールをほんの少しアレンジするだけで、見た目は大きく変化するのが、ロングステッチエンドレスフォールだ。この結びでは、"フォール"模様はどこにも見られない。その代わり、まるで鎖が連なったようなロングステッチが現れる。

用尺（長さ約19cmのブレスレット）⇒185cmを2本
テクニック⇒エンドレスフォール
Tips⇒通常のエンドレスフォールとの違いは、緑コードの巻きつけ方。1回おきに巻きつけ方を変えていく。

01 2本のコードをそろえて持ち、中央で二つ折りにする。

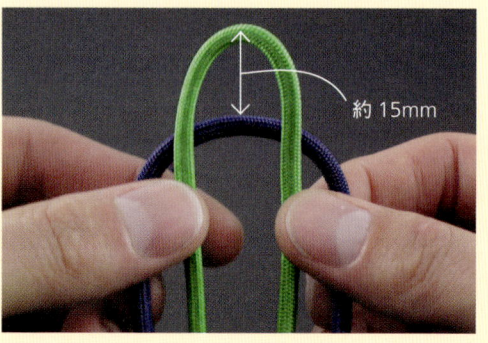

02 青コードを緑コードの向こう側におき、二つ折りの頂点から約15mm下げる。

Chapter 04 | **Endless Falls** | **Chained Endless Falls** | 77

03 青コードを緑コードの手前で右を上にして交差させる。

04 緑コード2本を交差させた青コードに巻きつけ、二つ折りの間を通して下へ出す。

05 結び目がしっかりしまるまで4本のコードを引きしめる。このときトップの二つ折りの高さが15mmになるよう整えておく。

06 青コードを緑コードの手前で右を上にして交差させる。

07 緑コード2本を交差させた青コードに巻きつけ、矢印のように、前回の結び目の下に出た緑コード2本の外側を通して下に出す。

08 結び目がしっかりしまるまで4本のコードを引きしめる。

09 青コードを緑コードの手前で右を手前にして交差させる。

10 緑コード2本を交差させた青コードに巻きつけ、今度は前回の結び目の下に出た緑コード2本の間を通して下に出す。

11 結び目がしっかりしまるまで4本のコードを引きしめる。

12 4本のコードの残りが約25cmになるまで06～11をくり返す。

13 とめ結びとして、4本組みダイアモンドノット（→P.23）を結ぶ。

14 同じ色のコード2本（色はどちらでもOK）を慎重にギリギリでカットし、焼き止めする。

15 少しすき間をあけて、残りのコード2本で2本組みダイアモンドノット（→P.20）を結ぶ。

16 コードの端を慎重にギリギリでカットし、焼き止めする。

17 ロングステッチエンドレスフォールのブレスレットのできあがり。写真は穏やかな面を表に出したパターン。

18 こちらはロングステッチを表に出したパターン。

Chainmailed Endless Falls
ショートステッチエンドレスフォール

ご覧の通り、鎖かたびらのような仕上がりのショートステッチ（鎖かたびら風）エンドレスフォールは、ループしたコードがつくる幅広の"フォール"が網目のよう。ここではチャームにしたけれど、このテクニックを使えば魅力的なストラップやブレスレットをつくることもできる。

用尺（長さ約 9cm のチャーム） ➡ 155cm を 3 本
テクニック ➡ エンドレスフォール
Tips ➡ 幅広な面はスタンダードなエンドレスフォールの両サイドに、もう 1 本のコードをつけ足してつくる。

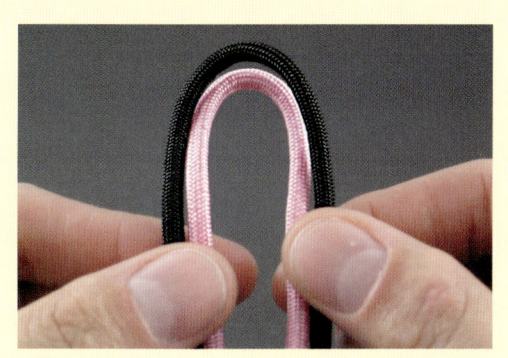

01 2 本のコードをそろえて持ち、中央で二つ折りにする。

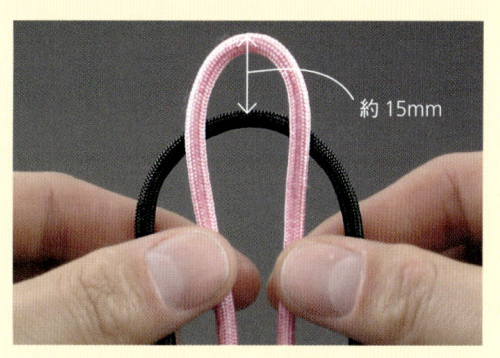

02 黒コードをピンクコードの向こう側におき、二つ折りの頂点から約 15mm 下げる。

03 黒コードをピンクコードの手前で右を上にして交差させる。

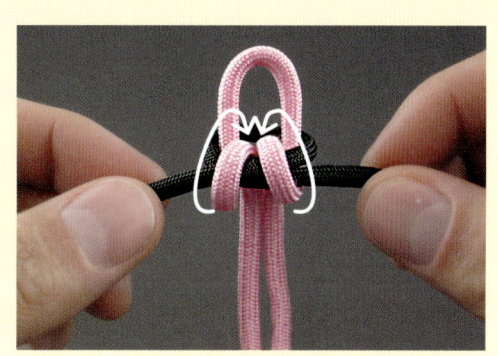

04 ピンクコード 2 本を交差させた黒コードに巻きつけ、二つ折りの間を通して下へ出す。

05 黒コードを少しゆるめ、トップの二つ折りの高さが 15mm になるように、黒コードのループの位置を整える。

06 3 本めのベージュコードの中央を二つ折りの根元に合わせ、左右の端をピンクコードと黒コードの間に通して下へ出す。

07 黒コードを引きしめ、ピンクとベージュのコードも下へ引いて結び目を引きしめる。

08 黒コード2本を手前で右を上にして交差させる。

09 下に伸びる4本のコードを交差させた黒コードに巻きつけ、それぞれに同じコードの右側から下に出す。

10 結び目がしっかりしまるまで6本のコードを引きしめる。

11 黒コード2本を手前で右を上にして交差させる。

12 下に伸びる4本のコードを交差させた黒コードに巻きつけ、それぞれに今度は同じコードの左側から下に出す。

13 結び目がしっかりしまるまで6本のコードを引きしめる。

14 コードの残りが約26cmになるまで、8〜13をくり返す。

Chapter 04　Endless Falls　Chainmailed Endless Falls　81

15 ［トライアングルタイオフの結び方］全体の上下を逆にして持ち替える。

16 左の黒コード（A）を4本のコードの手前から右へ移す。

17 右の黒コード（B）を4本のコードの向こう側から左へ移す。

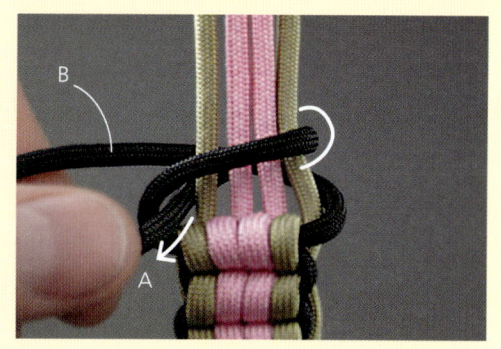

18 Aも4本のコードの向こう側から左へ移し、左側のループに矢印のように通し、手前に出す。

19 Bを手前から右側に移し、Aのループに矢印のように通し、向こう側へ出す。

20 Aの端を持ち上げ、矢印のように右上のループに通し……

21 ループから引き出す。

22 全体を左右反転させてひっくり返す。写真はひっくり返したあとの状態。

23 Bの端を持ち上げ、矢印のように右上のループに通し……

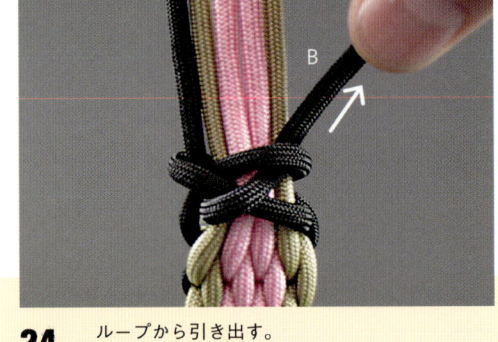

24 ループから引き出す。

25 結び目がしっかりしまるまで黒コード2本を引きしめる。最後に好みの長さにコード6本の端をそろえて慎重にカットし、焼き止めする。

26 これでショートステッチエンドレスフォールのチャームのできあがり。

Bricked Endless Falls
ブロッキングエンドレスフォール

ブロッキングエンドレスフォールは、スタンダードなエンドレスフォールから2本コードを増やし、ブロックのような模様を出すテクニックを加えた結び方。完成した作品の結び目の美しさは格別で、どの角度から見てもとても魅力的だ。

用尺(長さ約9cmのチャーム)→ 155cmを3本
テクニック → エンドレスフォール
Tips → この結びはエンドレスフォールの両脇にロングステッチエンドレスフォールをつけ加えたような構成。

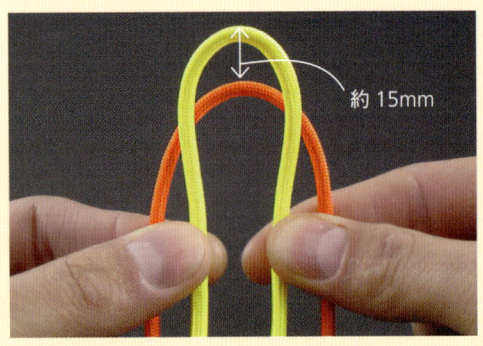

01 2本のコードをそろえて持ち、中央で二つ折りにする。オレンジコードを黄コードの向こう側におき、二つ折りの頂点から約15mm下げる。

02 オレンジコードを黄コードの手前で右を上にして交差させる。

| Chapter 04 | Endless Falls | Bricked Endless Falls | 83 |

03 黄コード2本を交差させたオレンジコードに巻きつけ、二つ折りの間を通して下へ出す。

04 オレンジコードを少しゆるめ、トップの二つ折りの高さが15mmになるように、オレンジコードのループの位置を整える。

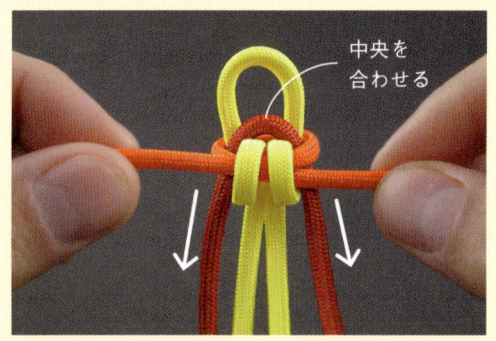

05 3本めの赤コードの中央を二つ折りの根元に合わせ、左右の端を黄コードとオレンジコードの間に通して下へ出す。

中央を合わせる

06 オレンジコードを引きしめ、黄と赤のコードも下へ引いて結び目を引きしめる。

07 オレンジコード2本を手前で右を上にして交差させる。

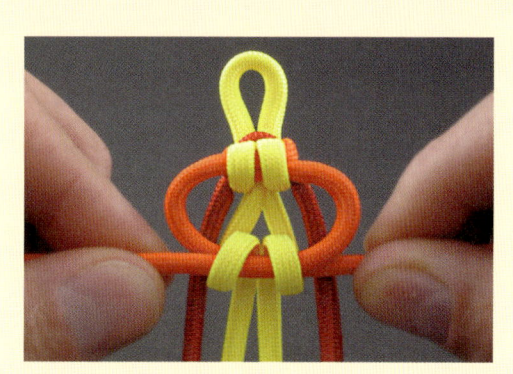

08 黄コード2本を交差させたオレンジコードに巻きつけ、前回の結び目の下に出た黄コード2本の間を通して下に出す。

09 右の赤コードもオレンジコードに巻きつけ、同じコードとオレンジコードのループの間を通して下に出す。

10 左の赤コードもオレンジコードに巻きつけ、同じコードとオレンジコードのループの間を通して下に出す。

11 結び目がしっかりしまるまで、6本のコードを引きしめる。

12 オレンジコード2本を手前で右を上にして交差させる。

13 黄コード2本を交差させたオレンジコードに巻きつけ、前回の結び目の下に出た黄コード2本の間を通して下に出す。

14 右の赤コードもオレンジコードに巻きつけ、同じコードと黄コードの間を通して下に出す。

15 左の赤コードもオレンジコードに巻きつけ、同じコードと黄コードの間を通して下に出す。

16 結び目がしっかりしまるまで、6本のコードを引きしめる。

17 コードの残りが約25cmになるまで、07〜16をくり返す。

18 オレンジコード2本で「トライアングルタイオフ」(→P.81)を結ぶ。好みの長さにコード6本の端を慎重にカットして焼き止めすれば完成。

Chapter 05

Locked & Sliding Slip Knots

スリップノット（引き解け結び）のバリエーション

スリップノットはロープワークの結びのひとつで、基本的に引けばほどけるのが特徴。いざというときにほどいて使えるパラコードの利点を最大限に生かせるテクニックだ。

17 How to knot ≫ page.88
How to make ≫ page.154

ヘテロマスタス結びの
ロングストラップ

スリムだけれど立体的な形状が
持ち味の結びを、長ーく結んで
首元を個性的に彩るストラップに。

18 How to knot ≫ page.97
How to make ≫ page.155

バックボーン結びブレスレット

2色がかみ合って名前の通り背骨のような
結び目をつくる、スタイリッシュなデザイン。

20 How to knot ≫ page.93
How to make ≫ page.155

Tウイルス結びブレスレット

中央に通るらせんのようなステッチと透け感が
人目をひきそうな個性派ブレス。

19 How to knot ≫ page.101
How to make ≫ page.155

リップコード結びブレスレット

5秒とかからず約3mのコードに戻せるブレス。
アウトドアの心強いおともにぜひ！

Heteromastus Sinnet
ヘテロマスタス結び

ヘテロマスタス結びは、その名(ヘテロマスタス＝イトゴカイ)の通り、私が大学で学んだ海の生き物「ゴカイ」を彷彿とさせる、ちょっと変わった結び方。パターンのくり返しでカッコイイブレスレットがつくれる、私のお気に入り結びのひとつだ。

用尺(長さ約19cmのブレスレット) ➡ 185cmを1本
テクニック ➡ 交互に結ぶスリップノット
Tips ➡ スリップノットを使っていてもほどけない結び。結び方は少々複雑だけれど、その分面白い形になる。

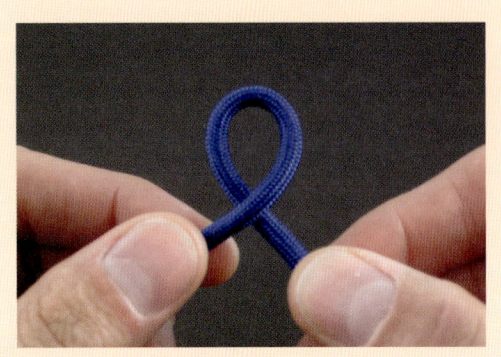

01 コードの中央で右を上にしたループをつくる。

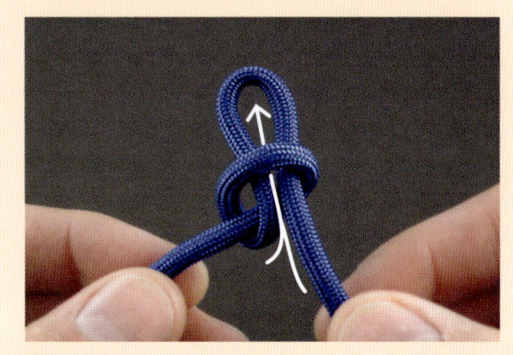

02 右のコードを二つ折りにしてループに手前から通し……

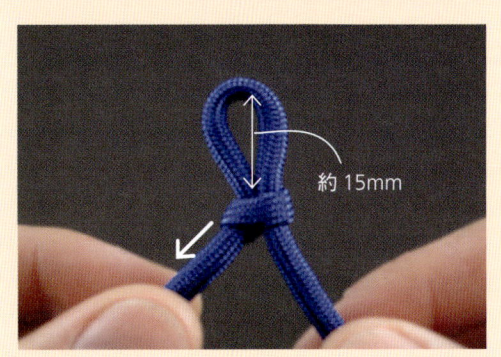

03 二つ折りの高さが約15mmになるように結び目を引きしめる。

04 上下を逆にして持ち替える。

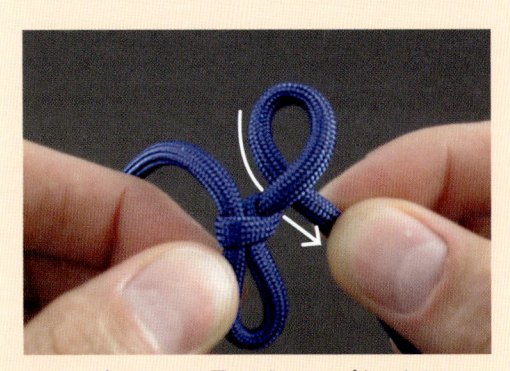

05 右のコードで図のようにループをつくる。

06 さらに右のコードを二つ折りにしてループに手前から通し……

| | Chapter 05 | Locked & Sliding Slip Knots | Heteromastus Sinnet | 89 |

07 二つ折りのループが残るように結び目を引きしめる。

08 左のコードを持ち上げ、右上のループに矢印のように通す。

09 右下のコードを引いて、右上のループを引きしめる。

10 全体を左右反転させてひっくり返す。

11 右のコードで反時計まわりのループをつくる。

12 さらに右のコードを二つ折りにしてループに向こう側から通し、二つ折りのループが残るように結び目を引きしめる。

13 左のコードを持ち上げ、右上のループに矢印のように通す。

14 右下のコードを引いて、右上のループを引きしめる。

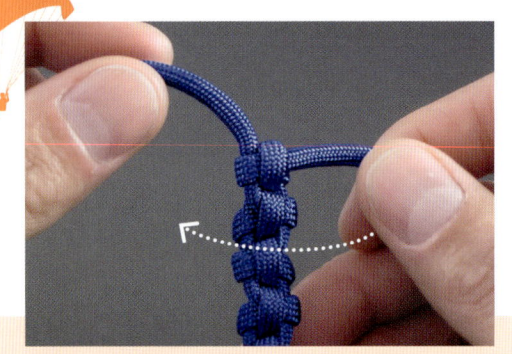

15 全体を左右反転させてひっくり返す。残りのコードが約15cmになるまで05からここまでの手順をくり返す。

16 最後に結び終わりから少しすき間をあけて、2本組みダイアモンドノット(→P.20)を結ぶ。

17 コードの端を慎重にギリギリでカットし、焼き止めする。

18 ヘテロマスタス結びのブレスレットのできあがり。

Ashoka Chakra Knot
アショカチャクラノット

アショカチャクラノットの形は、古代インドのアショカ王が建立した王柱(碑文を刻んだ柱)に刻まれた「法輪(仏教の教えを表すシンボル)」に由来している。結び目をつくるときのテクニックは、バックボーン結び(→P.97)をはじめとするほかのさまざまな結び方の基本となっている。

用尺(直径約4cmのモチーフ) → 185cmを1本
テクニック → 輪に結ぶスリップノット
Tips → スリップノットを左右交互に結ぶヘテロマスタス結び(→P.88)とは違い、右側だけに結んでいく。

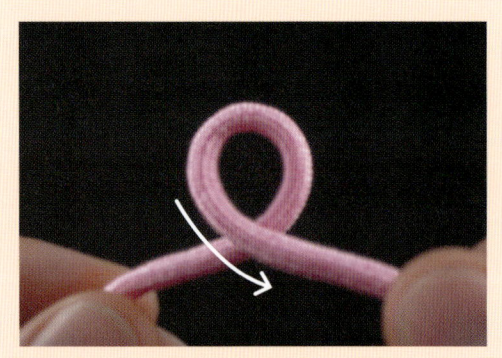

01 コードの中央からおよそ38cm右側に、反時計まわりのループをつくる。

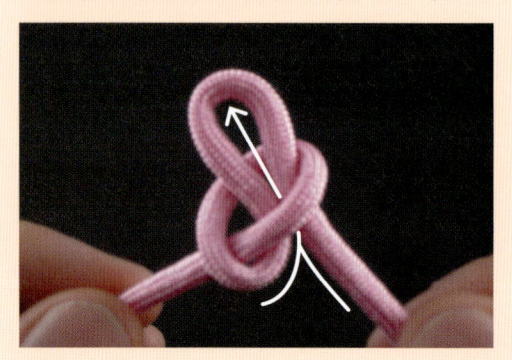

02 右のコードを二つ折りにしてループに向こう側から通し……

| Chapter 05 | Locked & Sliding Slip Knots | Ashoka Chakra Knot | 91 |

03 結び目を引きしめる。

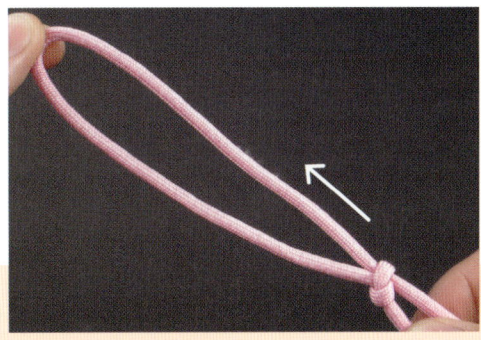

04 つくりたいチャクラノットの円周に高さを合わせてループを引き出す。

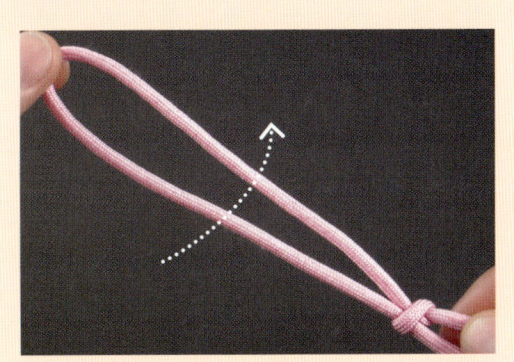

05 全体を裏返して持ち替える。

06 右のコードで図のようにループをつくる。

07 右のコードを二つ折りにしてループに手前から通し、二つ折りのループが残るように結び目を引きしめる。

08 左の長いループを右のループの向こう側から通す。

09 右のコードを引いて結び目を引きしめ……

10 左のループにしっかりと結びつける。

11 つくりたいチャクラノットの大きさになるまで、06〜10をくり返す。

12 右のコードの端を持ち……

13 矢印のようにループに通す。

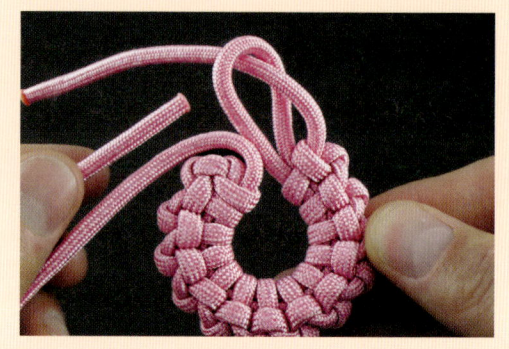

14 左のコードの端を持ち……

15 矢印のようにループに通す。

16 左のコード（現在は右側にきている）を引くとループがしまるので……

17 全体がきれいな円形になるまで引きしめる。コードの端をネックレスにちょうどいい長さにカットして結べば、できあがり。

18 コードの端を慎重にギリギリでカットして焼き止め、単独のモチーフにしてもいい。

… Chapter 05 | Locked & Sliding Slip Knots | T-Virus Sinnet

T-Virus Sinnet
Tウイルス結び

Tウイルス結びは、ゲームや映画になった『バイオハザード』に登場する架空のウイルスからイメージをふくらませてつくった結び。スリップノットとクロスさせたコードを組み合わせて結んでいく。一見複雑に見えて、驚くほどシンプルなテクニックで結ぶことができる。

用尺（長さ約21cmのブレスレット） A：300cm〈赤〉、B：150cm〈水色〉を各1本
テクニック 交互に結ぶスリップノット
Tips ループの高さを一定にして結ぶのがコツ。

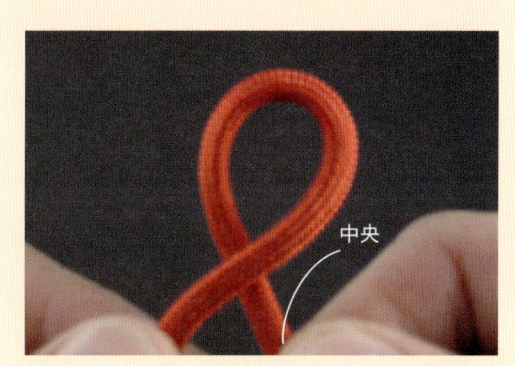

01 長いほうのコード（赤）の中央からおよそ5cm左に時計まわりのループをつくる。

02 左のコードを二つ折りにしてループに向こう側から通し……

03 二つ折りのループが残るように結び目を引きしめる。

04 最初の結び目から右のコードを約5cm伸ばし……

05 反時計まわりのループをつくる。

06 右のコードを二つ折りにしてループに向こう側から通し……

07 二つ折りのループが残るように結び目を引きしめる。

08 短いほうのコード（水色）を左のループに通し……

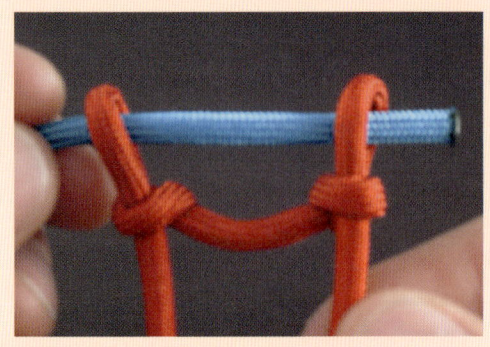

09 さらに右のループにも通す。

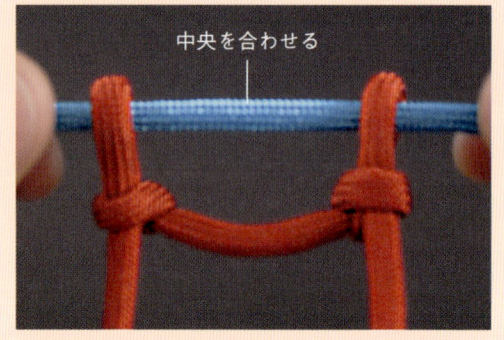

10 水色コードの中央をふたつのループの中間に合わせる。

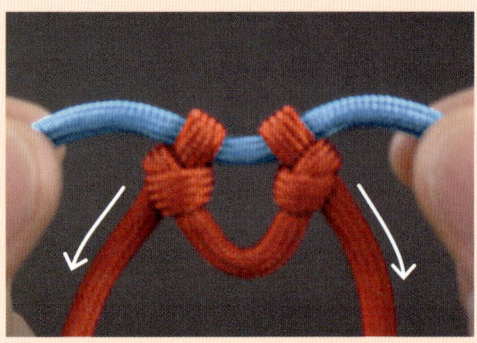

中央を合わせる

11 左右の赤コードを引いてふたつのループを引きしめ、しまった結び目を左右から水色コードの中央に寄せる。

12 水色コードを、右を上にして交差させる。

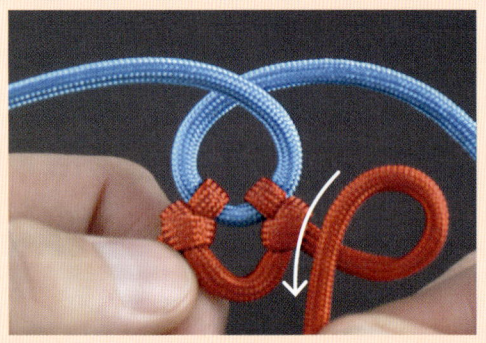

13 右の赤コードで反時計まわりのループをつくる。

14 右の赤コードを二つ折りにしてループに向こう側から通し……

| Chapter 05 | Locked & Sliding Slip Knots | T-Virus Sinnet | 95 |

15 二つ折りのループが残るように結び目を引きしめる。

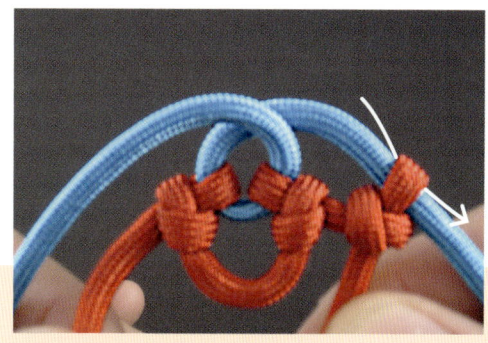

16 右の水色コードを赤コードのループに通し、赤コードの端を引いて結び目を引きしめる。

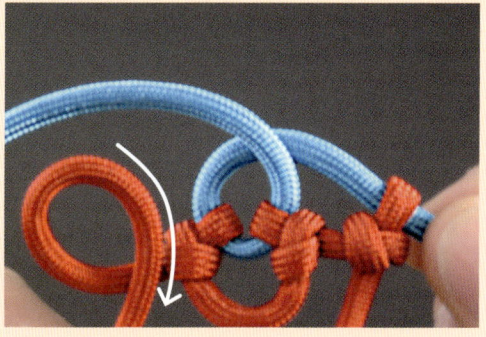

17 左の赤コードで時計まわりのループをつくる。

18 左の赤コードを二つ折りにしてループに向こう側から通し……

19 二つ折りのループが残るように結び目を引きしめる。

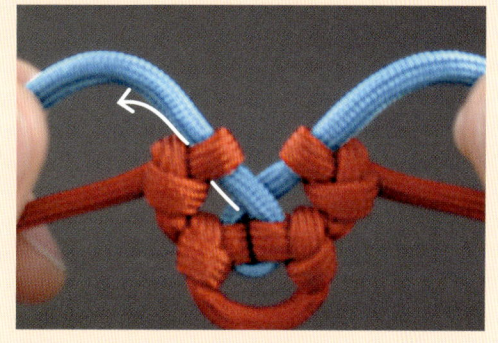

20 左の水色コードを赤コードのループに通し、赤コードの端を引いて結び目を引きしめる。

21 コードの残りが約13cmになるまで、12〜20をくり返す。

22 最後にとめ結びとして赤コード2本で「トライアングルタイオフ」（→P.81）を結ぶ。

23 赤コードの端を慎重にギリギリでカットして焼き止めする。

24 少しすき間をあけて、水色コードで2本組みダイアモンドノット(→P.20)を結ぶ。

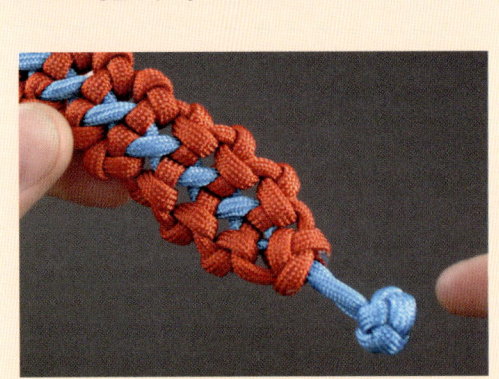

25 水色コードの端を慎重にギリギリでカットして焼き止めする。

26 Tウイルス結びのブレスレットのできあがり。

Backbone Bar
バックボーン結び

バックボーン結びは、どうすれば一定のスペースにスリップノットをきっちり結べるかの実例ともいえる、規則的な構造をもつ結びだ。椎骨の連なりを思わせるこの結び。脊椎骨の構造をクリアに示すサンプルとしても使えるかもしれない。

用尺（長さ約 21cm のブレスレット）→ 220cm を 2 本
テクニック → 左右交互に結ぶスリップノット
Tips → T ウイルス結び（→P.93）と違い、芯をおおい隠すようにスリップノットをきっちり結んでいくのがコツ。

01 2本のコードを引きそろえて持ち、ブレスレットの仕上がり寸法プラス約 13cm のところを測る。

02 測ったポイントに、右側のコード（黄）で反時計まわりのループをつくる。

03 右の黄コードを二つ折りにしてループに手前から通し……

04 二つ折りのループが残るように結び目を引きしめる。

05 上側のコード2本をループに通し……

06 右下の黄コードを引いてループを引きしめる。

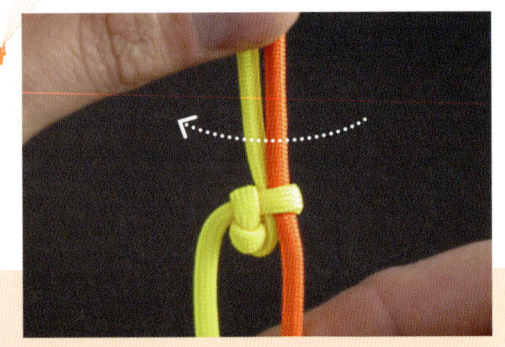

07 全体を左右反転させてひっくり返す(写真はひっくり返したあとの状態)。

08 右のオレンジコードで反時計まわりのループをつくる。

09 右のオレンジコードを二つ折りしてループに向こう側から通し……

10 二つ折りのループが残るように結び目を引きしめる。

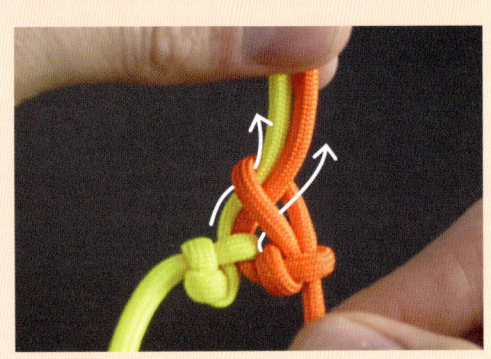

11 上側のコード2本をループに通し……

12 右下のオレンジコードを引いてループを引きしめる。

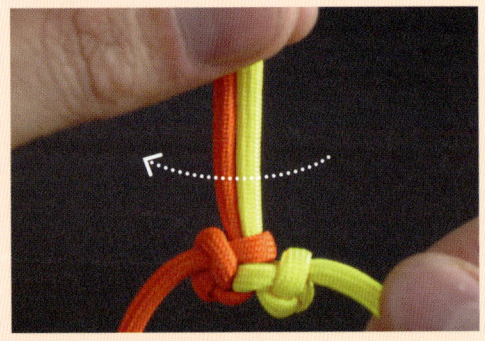

13 全体を左右反転させてひっくり返す(写真はひっくり返したあとの状態)。

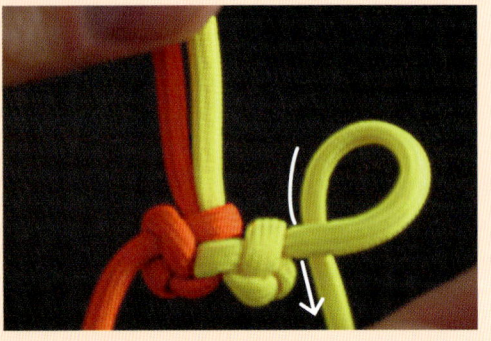

14 右の黄コードで反時計まわりのループをつくる。

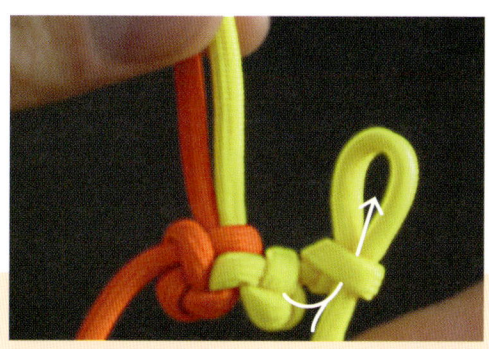

| Chapter 05 | Locked & Sliding Slip Knots | Backbone Bar | 99 |

15 右の黄コードを二つ折りしてループに手前から通し、二つ折りのループが残るように結び目を引きしめる。

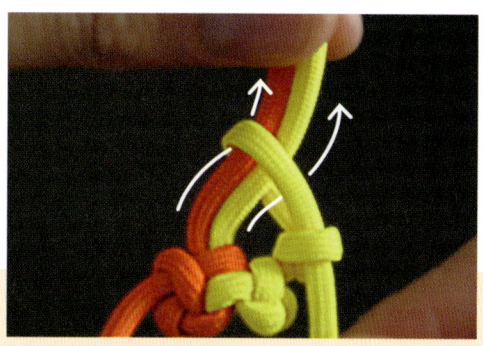

16 上側のコード2本をループに通し……

17 右下の黄コードを引いてループを引きしめる。

18 全体を左右反転させてひっくり返す（写真はひっくり返したあとの状態）。

19 右のオレンジコードで反時計まわりのループをつくる。

20 右のオレンジコードを二つ折りしてループに向こう側から通し、二つ折りのループが残るように結び目を引きしめる。

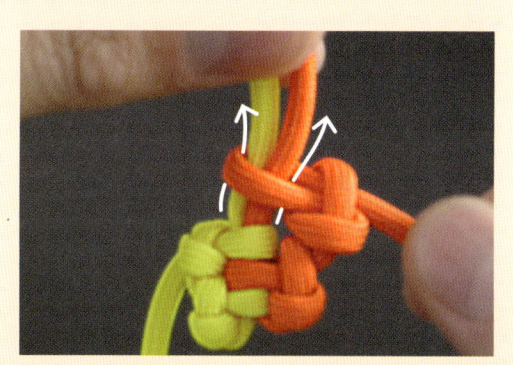

21 上側のコード2本をループに通し……

22 右下のオレンジコードを引いてループを引きしめる。

23 コードの残りが約13cmになるまで、13〜22をくり返す。

24 全体の上下をひっくり返して持ち替える。

25 左上の黄コード（最初につくった二つ折り）を高さ約15mm分引き出す。

26 全体を左右反転させて裏返し、結び終わり側に両端のコード（黄とオレンジ）で「トライアングルタイオフ」（→P.81）を結ぶ。

27 結んだコードの端を慎重にギリギリでカットし、焼き止めする。

28 さらに残った2本のコードで少しすき間をあけて2本組みダイアモンドノット（→P.20）を結ぶ。

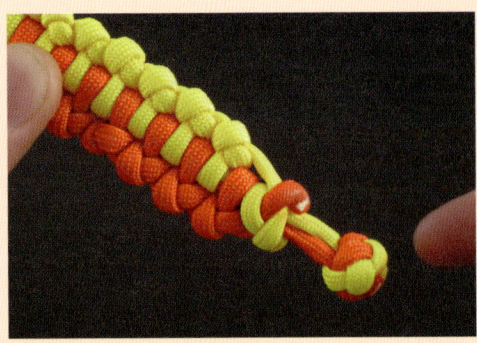

29 コードの端を慎重にギリギリでカットし、焼き止めする。

30 バックボーン結びのブレスレットのできあがり。

Ripcord Sinnet
リップコード結び

リップコード結び（リップコードはパラシュートを開くひものこと）は、非常時にすばやく解いてさっと使えるパラコードブレスレットを探している人たちのための結び方。もしあなたもそのひとりなら、さっそく試してみてほしい。ブレスレットは5秒とかからずに、3mほどのコードに戻ってしまう。

用尺（長さ約22cmのブレスレット） ➡ 320cmを1本
テクニック ➡ スリップノット
Tips ➡ ありそうでなかなかない「一気にほどけるパラコードクラフト」。ほどき方は104ページ参照。

01 コードの中央に反時計まわりのループをつくる。

02 右のコードを二つ折りにしてループに向こう側から通し……

03 さらに左のコードも二つ折りにして、右の二つ折りのループに手前から通す。

04 下側のループの高さが約15mmになるように、左右のコードを引きしめる。

05 右のコードで反時計まわりのループをつくる。

06 右のコードを二つ折りにしてループに手前から通し、通した二つ折りのループの高さが約25mmになるように結び目を引きしめる。

07 右のループを左のループに通す。

08 左下のコードを引いて、左のループを引きしめる。

09 左のコードで時計まわりのループをつくる。

10 左のコードを二つ折りにしてループに手前から通し、通した二つ折りのループの高さが約25mmになるように結び目を引きしめる。

約25mm

11 左のループを右のループに通す。

12 右下のコードを引いて、右のループを引きしめる。

13 コードの残りが約7.5cmになるまで、05〜12をくり返す。

14 右のコードを二つ折りにし……

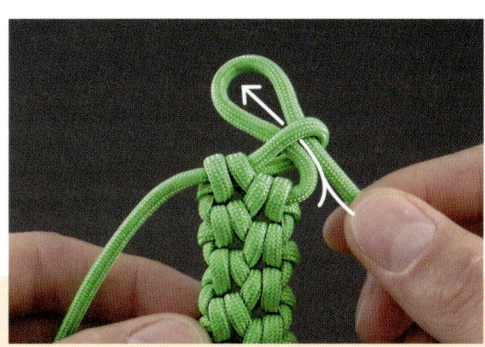

| Chapter 05 | Locked & Sliding Slip Knots | Ripcord Sinnet | 103

15 ループに通す。

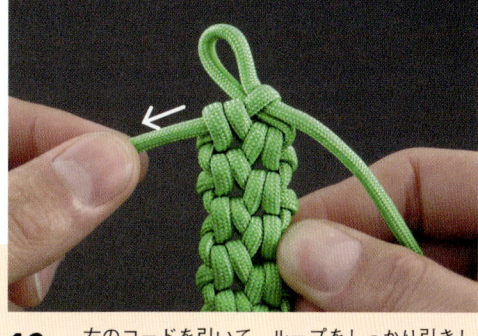

16 左のコードを引いて、ループをしっかり引きしめる。

17 左のコードの端を持ち……

18 ループに通す。

19 右下のコードを引いて、ループをしっかり引きしめる。

20 最後に2本のコードをまとめてひと結びし、コードの端を少し残して慎重にカットし焼き止めする。

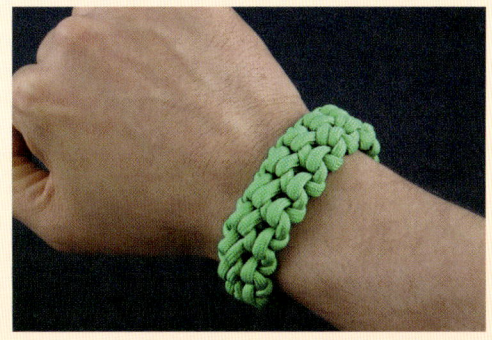

21 ひと結びした結び目を結びはじめのループに通せば、ブレスレットのできあがり。

22 ブレスレットを1本のコードに戻したいときは……

リップコード結びのほどき方

23 ブレスレットを腕からはずし……

24 ひと結びをほどく。

25 最後のループに通したコードを引き出し……

26 左右2本のコードをそれぞれの方向に引っぱる。

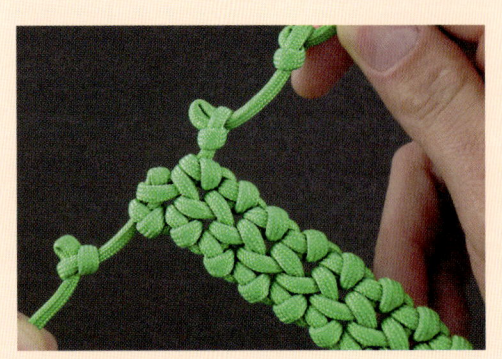

27 そうすれば全体がするするとほどけていき、あなたはすぐに「リップコード結び」という名前に納得するはず。

28 5秒とかからず、元通りの約3mのパラコードに！

Chapter 06

Raising the Bar

ワイドな結びのバリエーション

横にワイドな結びは、ベルトにしたりバッグの持ち手にしたりといろいろな用途を考えられるのが楽しい。どう使うかはアイデアしだい。オリジナルの使い方を考えてみよう。

21
How to knot ≫ page.108
How to make ≫ page.156

ブレイズ結びブレスレット（上）

2色が複雑な柄を構成するブレイズ結びは、
存在感たっぷりのワイドなブレスにうってつけ。

22
How to knot ≫ page.111
How to make ≫ page.157

二重結びブレスレット（下）

2色ががっちりかみ合う歯車のように合体。
力強いデザインのブレスは、丈夫さも折り紙つき。

| **23** | How to knot ≫ page.121
How to make ≫ page.156 | **24** | How to knot ≫ page.115
How to make ≫ page.157 |

KBK結びのベルト（左）

あえてゆるめに結ぶからこそのしなやかな質感と
透け感を生かした、男女問わず使いやすいベルト。

スピンドルファイバー結びのベルト（右）

幅の広さを生かしたパラコードベルトは、
かさばる荷物をまとめるときにも大活躍。

Blaze Bar
ブレイズ結び

ブレイズ（火炎）結びという名前は、対照的な色味の結び目の織りなす柄が炎のように見えることからつけた。その洗練された仕上がりは、いまのところ私の一番のお気に入り。丈夫なストラップやブレスレットにぴったりな結びだ。

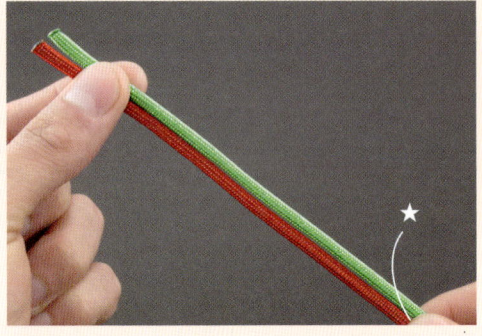

用尺（長さ約 21cm のブレスレット） ➡ 200cm を 2 本
テクニック ➡ ブレイズ結び
Tips ➡ コードはコントラストのはっきりした 2 色を。

01 2本のコードを引きそろえて持ち、左端からブレスレットの仕上がり寸法プラス約 13cm のところを測る。

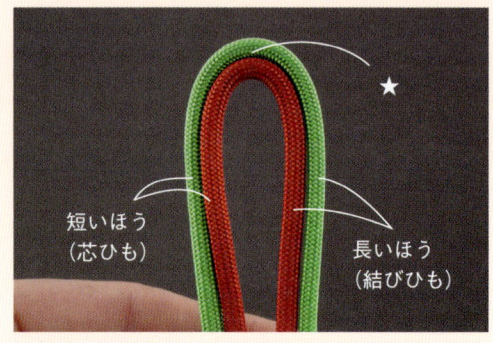

02 ★を頂点にして 2 本のコードを二つ折りにする。

短いほう（芯ひも）
長いほう（結びひも）

03 コードの 1 本（緑）をもう 1 本のコード（赤）の手前に少し下ろす。

04 赤の結びひもを 2 本の芯ひもの手前から左へ移す。

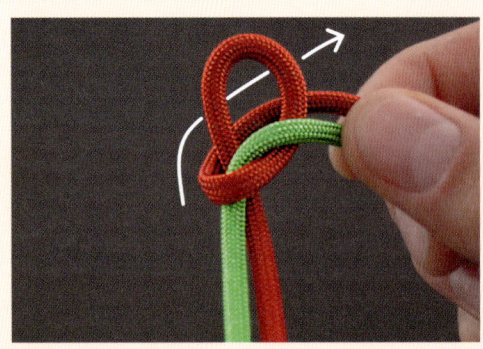

05 さらにトップのループの向こう側にまわして右へ戻し……

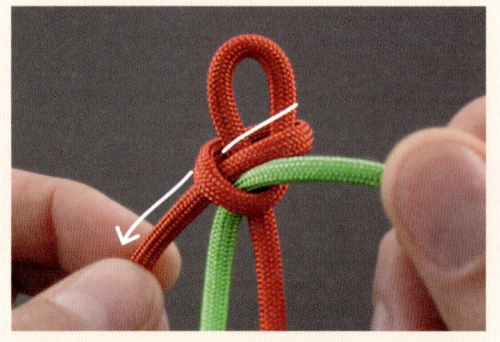

06 さらにループの手前を通して左へ移し、左側にできたループに通して引き出す。

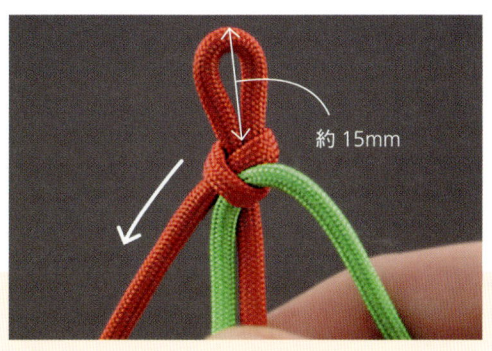

| Chapter 06 | Raising the Bar | Blaze Bar | 109 |

07 トップのループの高さが約15mmになるように整えながら、赤の結びひもを引きしめる。

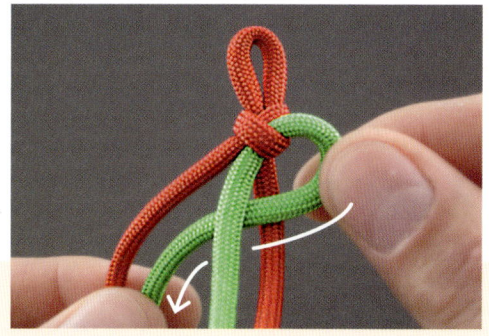

08 緑の結びひもを赤の芯ひもの手前、緑の芯ひもの向こう側と順に通して左へ移す。

09 赤の結びひもを緑の結びひもの向こう側に重ねて、下へ垂らす。

10 赤の結びひもを緑の芯ひもの手前、赤の芯ひもの向こう側と順に通して右へ移す。

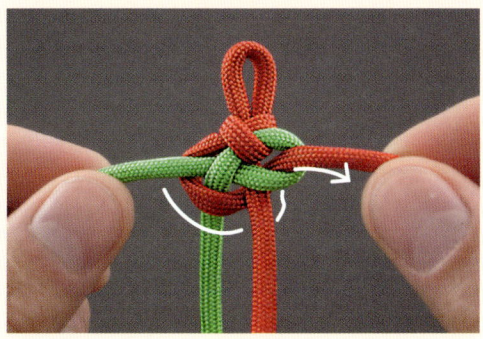

11 赤の結びひもを右の緑のループに向こう側から通し、右へ出す。左右の結びひもをしっかり引きしめる。

12 緑の結びひもを緑の芯ひもの向こう側、赤の芯ひもの手前と順に通して右へ移す。

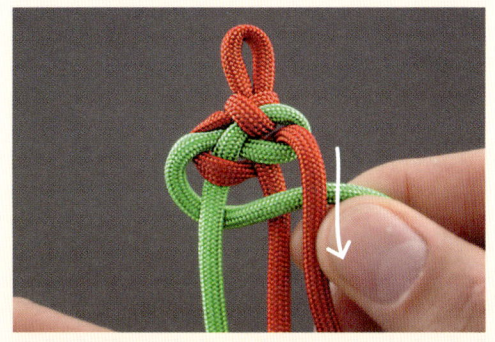

13 赤の結びひもを緑の結びひもの手前に出し、下へ垂らす。

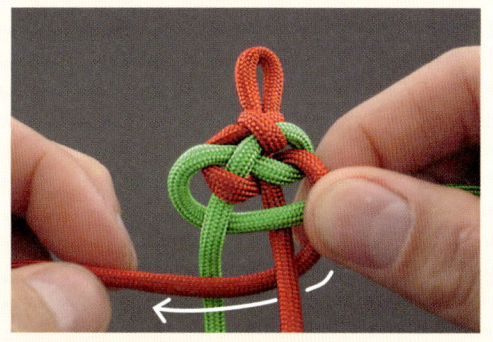

14 さらに赤の結びひもを赤の芯ひもの向こう側、緑の芯ひもの手前と順に通して左へ移す。

15 赤の結びひもを緑のループに手前から通し、左へ出す。左右の結びひもをしっかり引きしめる。

16 コードの残りが約13cmになるまで、08〜15をくり返す。

17 緑の結びひもを芯ひも2本の手前から左へ移す。

18 赤の結びひもを緑の結びひもの手前に出し、下へ垂らす。

19 さらに赤の結びひもを芯ひも2本の向こう側から右へ移し、右側のループに通して右へ出す。2本の結びひもをしっかり引きしめる。

20 緑の結びひもを芯ひも2本の手前から右へ移す。

21 赤の結びひもを緑の結びひもの手前に出し、下へ垂らす。

22 さらに赤の結びひもを芯ひも2本の向こう側から左へ移し、左側のループに通して左へ出す。2本の結びひもをしっかり引きしめる。

Chapter 06　　Raising the Bar　　Blaze Bar / Duality Bar　　111

23 結びひも2本の端を慎重にギリギリでカットし、焼き止めする。

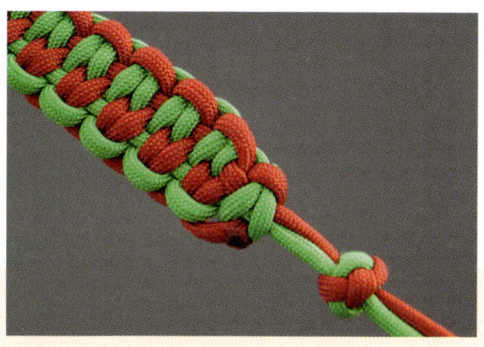

24 残った2本の芯ひもで2本組みダイアモンドノット(→P.20)を結ぶ。

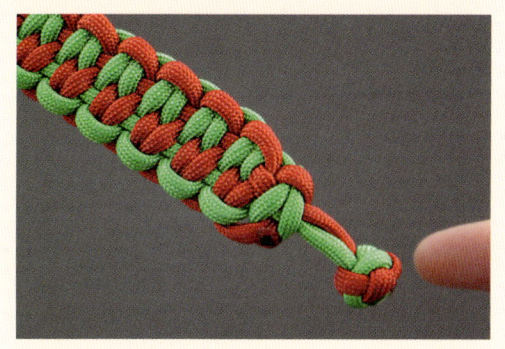

25 芯ひもの端も慎重にギリギリでカットし、焼き止めする。

26 ブレイズ結びのブレスレットのできあがり。

Duality Bar
二重結び

二重結びというネーミングは、完成品がふたつのパートに分かれているという特徴を表している。実際、構造的にも2色のコードが別々に結ばれているように見えるかもしれないけれど、さにあらず。2色のコードはからみ合い、じつはしっかり一体化しているのだ。

用尺(長さ約21cmのブレスレット) ➡ 200mを2本
テクニック ➡ タッチング結び
Tips ➡ タッチング結びはマクラメの伝統的なテクニック。タティングレースなどでも使われる技法だ。

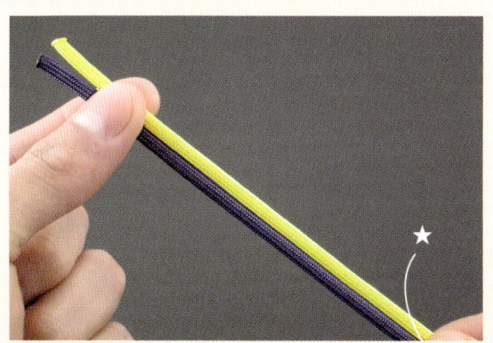

01 2本のコードを引きそろえて持ち、左端からブレスレットの仕上がり寸法プラス約13cmのところを測る。

02 ★を頂点にして2本のコードを二つ折りにする。

短いほう（芯ひも）　長いほう（結びひも）

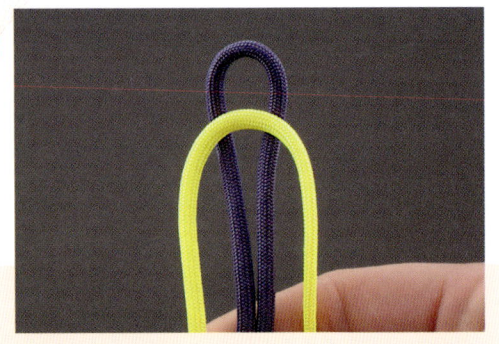

03 コードの1本（黄）をもう1本のコード（青）の手前に少し下ろす。

04 青の結びひもを2本の芯ひもの手前から左へ移す。

05 さらにトップのループの向こう側にまわして右へ戻し……

06 さらにループの手前を通して左へ移し、左側にできたループに通して引き出す。

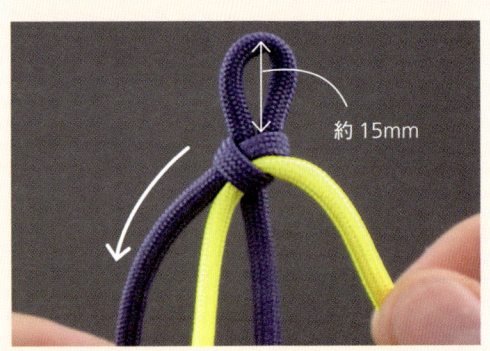

07 トップのループの高さが約15mmになるように整えながら、青の結びひもを引きしめる。

約15mm

08 黄の結びひもを青の芯ひもの向こう側にまわす。

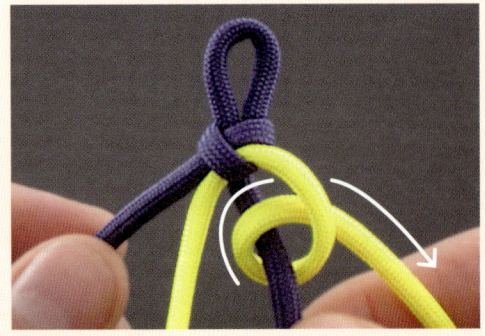

09 さらに青の芯ひもに巻きつけて、右側できたループに通して右に出す（右にハーフヒッチ〈片結び〉ができる）。

10 青の結びひもを黄の芯ひもの手前から右へ移し、黄の結びひものループに矢印のように通し……

Chapter 06　　Raising the Bar　　Duality Bar　　113

11 さらに左側にできたループに通して左に出し〈左にもハーフヒッチ〈片結び〉ができる〉、結びひも2本を引きしめる。

12 黄の結びひもを青の芯ひもの手前から左へ移す。

13 さらに青の芯ひもに巻きつけて、右側のループに通して右に出すと、黄コードでロープワークの「カウヒッチ」（タッチング結び）が結べる。

14 青の結びひもを黄の芯ひもの向こう側から右へ移し、黄の結びひものループに矢印のように通し……

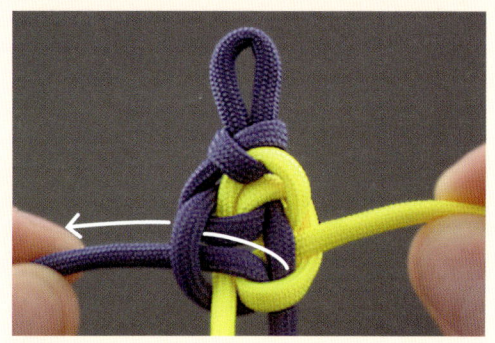

15 さらに左側にできたループに通して左に出して青コードでもカウヒッチを結び、結びひも2本を引きしめる。

16 コードの残りが約13cmになるまで、08〜15をくり返す。

17 次に、黄の結びひもを芯ひもの手前から左へ移す。

18 青の結びひもを黄の結びひもの手前に出し、下へ垂らす。

19 青の結びひもを芯ひもの向こう側から右側のループに通して右に出す。2本の結びひもをしっかり引きしめる。

20 黄の結びひもを芯ひもの手前から右へ移す。

21 青の結びひもを黄の結びひもの手前に出し、下へ垂らす。

22 青の結びひもを芯ひもの向こう側から左側のループに通して左に出す。2本の結びひもをしっかり引きしめる。

23 結びひも2本を慎重にギリギリでカットし、焼き止めする。

24 残った2本のコードで2本組みダイアモンドノット(→P.20)を結ぶ。

25 コードの端を慎重にギリギリでカットし、焼き止めする。

26 二重結びのブレスレットのできあがり。

Spindle Fiber Bar
スピンドルファイバー結び

スピンドルファイバー（紡錘糸）とは、細胞分裂の際に染色体を分離するタンパク質性の糸状構造物のこと。結び目が反復するさまからこの有用なタンパク質の姿を連想したのが、「スピンドルファイバー結び」という名前の由来だ。

用尺（長さ約 19cm のブレスレット）⇒ 215cm〈水色〉と 95cm〈ピンク〉を各 1 本
テクニック ⇒ ハーフヒッチ（片結び）
Tips ⇒ 結びひもを 2 色のコード 2 本に変えても面白い。

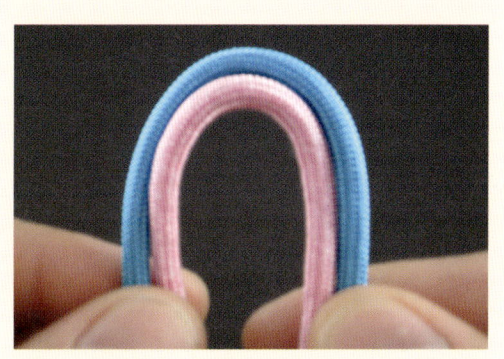

01 2 本のコードをそろえて持ち、中央で二つ折りにする。

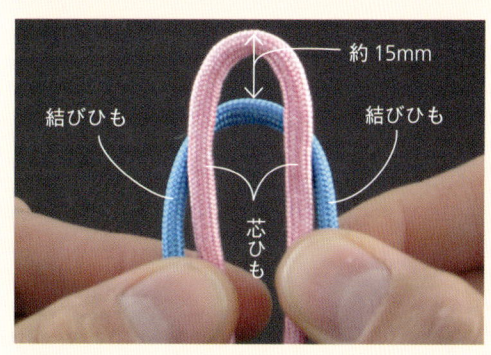

02 長いほうのコード（水色、結びひも）を短いほうのコード（ピンク、芯ひも）の向こう側におき、二つ折りの頂点から約 15mm 下げる。

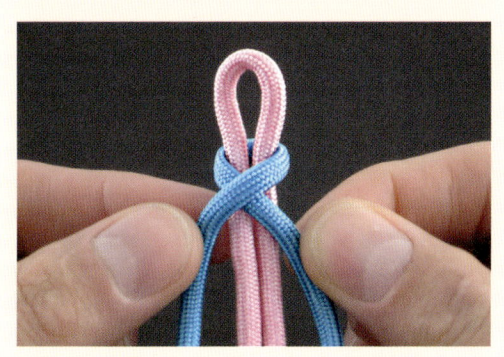

03 水色コードをピンクコードの手前で右を上にして交差させる。

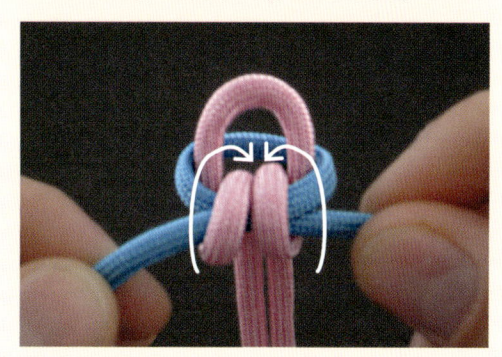

04 ピンクコード 2 本を交差させた水色コードに巻きつけ、二つ折りの間を通して下へ出す。

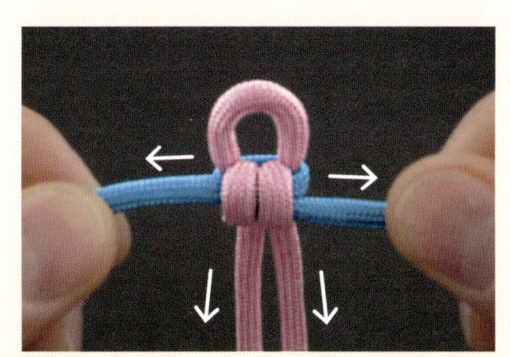

05 結び目がしっかりしまるまで 4 本のコードを引きしめる。このときトップの二つ折りの高さが 15mm になるよう整えておく。

06 右の水色コードを 2 本のピンクコードの間に移す。

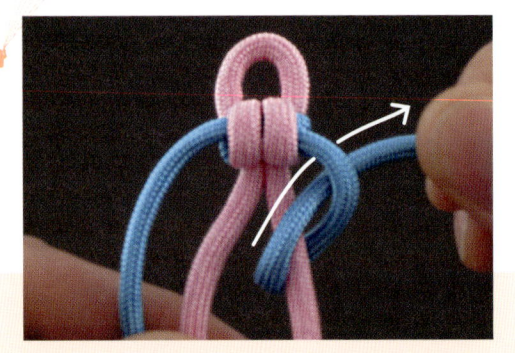

07 さらに水色コードを右のピンクコードに巻きつけて右上のループに通す(片結びをしたことになる)。まだ引きしめず、少しゆるめておく。

08 左の水色コードを07でつくったループに矢印のように通して向こう側へ出し……

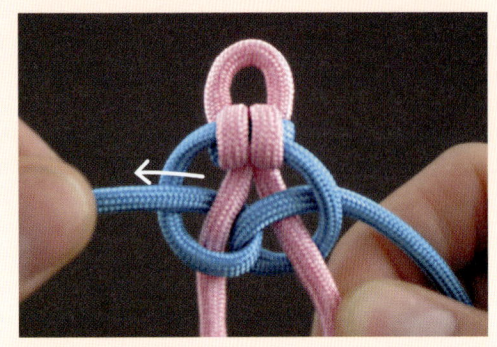

09 さらに左側にできたループに通して左側に出し(片結びをしたことになる)、左右の水色コードを引いて結び目を引きしめる。

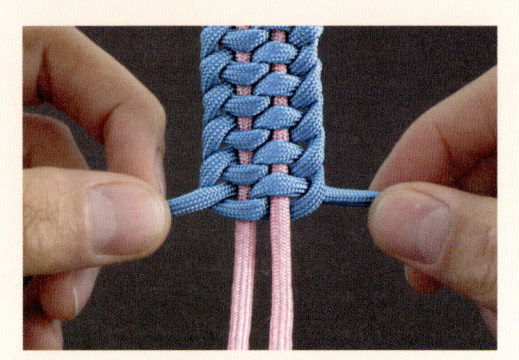

10 コードの残りが約13cmになるまで、06～09をくり返す。

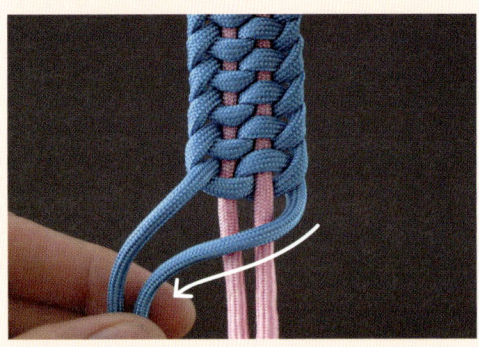

11 次に、右の水色コードを手前から左に移す。

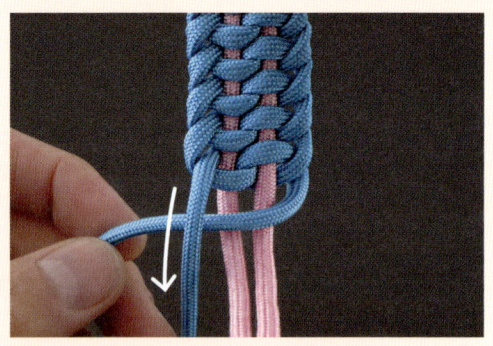

12 もう1本の水色コードを手前に出し、下へ垂らす。

13 垂らしたコードをピンクコードの向こう側から右へ移し、矢印のように通す。左右の水色コードをしっかり引きしめる。

14 左の水色コードを手前から右に移す。

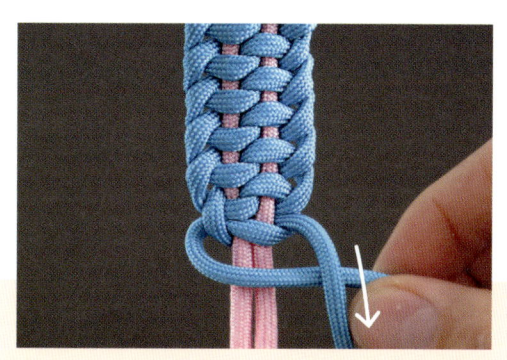

Chapter 06 | Raising the Bar | Spindle Fiber Bar | 117

15 もう1本の水色コードを手前に出し、下へ垂らす。

16 垂らしたコードをピンクコードの向こう側から左へ移し、矢印のように通す。左右の水色コードをしっかり引きしめる。

17 水色コード2本の端を慎重にギリギリでカットし、焼き止めする。

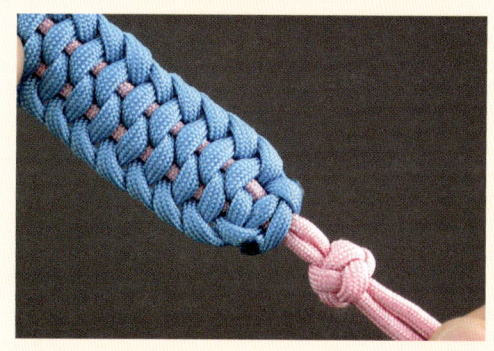

18 残った2本のピンクコードで2本組みのダイアモンドノット(→P.20)を結ぶ。

19 ピンクコードの端を慎重にギリギリでカットし、焼き止めする。

20 スピンドルファイバー結びのブレスレットのできあがり。

Dotted Blaze Bar
ドット入りブレイズ結び

ドット入りブレイズ結びは、ベーシックなブレイズ結び（→P.108）に別色のコードで連続するドット模様を加えたもの。つくる作品の長さに応じて、その全体にわたってスタイリッシュなドットがきれいに並ぶのが特徴だ。

用尺（長さ約19cmのブレスレット） → 215cm〈オレンジ〉と95cm〈白〉を各1本
テクニック → ブレイズ結び
Tips → ドット用のコードは模様がくっきり目立つ色に。

01 2本のコードをそろえて持ち、中央から二つ折りにする。

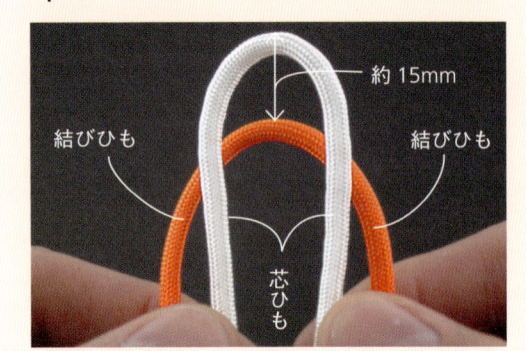

02 長いほうのコード（オレンジ、結びひも）を短いほうのコード（白、芯ひも）の向こう側におき、二つ折りの頂点から約15mm下げる。

03 オレンジコードを白コードの手前で右を上にして交差させる。

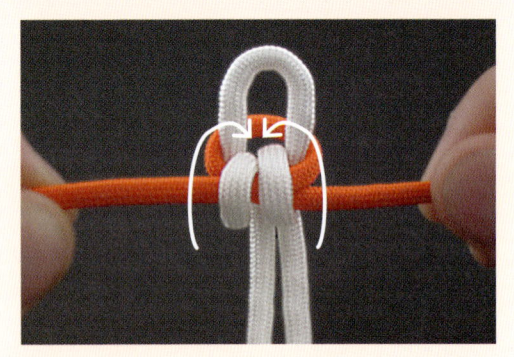

04 白コード2本を交差させたオレンジコードに巻きつけ、二つ折りの間を通して下へ出す。

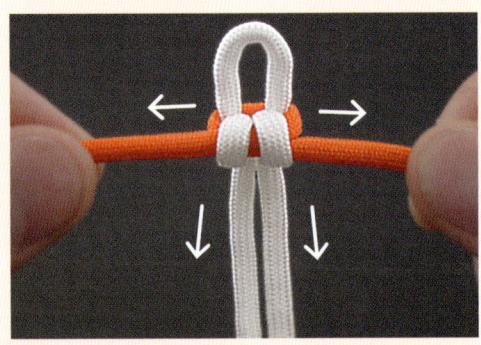

05 結び目がしっかりしまるまで4本のコードを引きしめる。このときトップの二つ折りの高さが15mmになるよう整えておく。

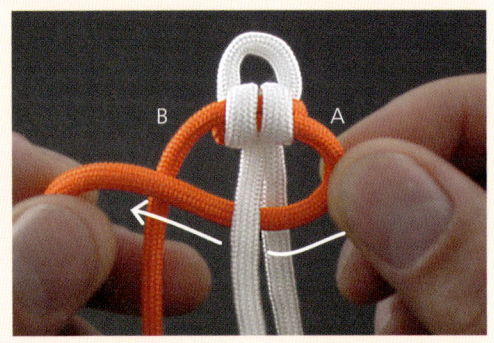

06 Aを白コードの手前、向こう側と順に通して左へ移し、Bを移したAの向こう側に重ねて下へ垂らす。

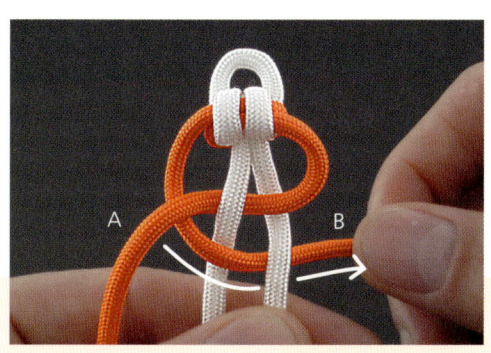

Chapter 06　Raising the Bar　Dotted Blaze Bar　119

07　Bを白コードの手前、向こう側と順に通して右へ移す。

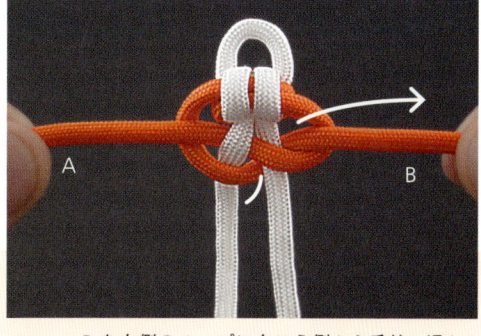

08　Bを右側のループに向こう側から手前へ通し、右に出す。AとBを左右へ引いて引きしめる。

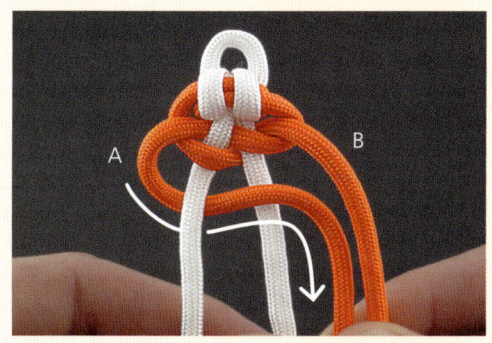

09　Aを白コードの向こう側、手前と順に通して右へ移す。

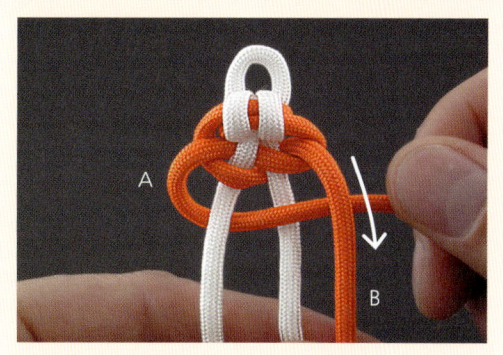

10　BをAの手前に出し、下へ垂らす。

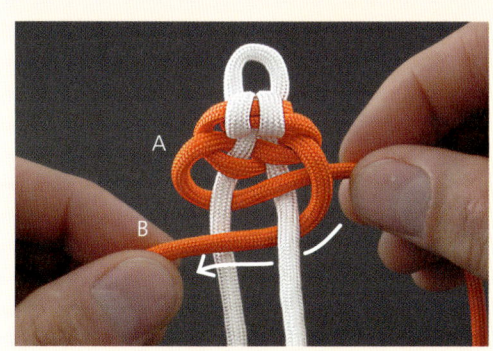

11　さらにBを白コードの向こう側、手前と順に通して左へ移す。

12　Bを左側のループに手前から向こう側へ通し、左へ出す。AとBを左右へ引いて引きしめる。

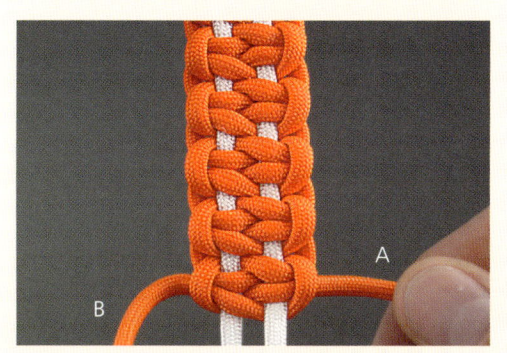

13　コードの残りが約13cmになるまで、06〜12をくり返す。

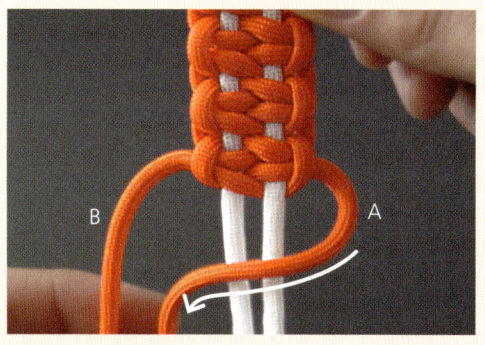

14　Aを白コードの手前を通して左へ移す。

15 BをAの手前に出し、下へ垂らす。

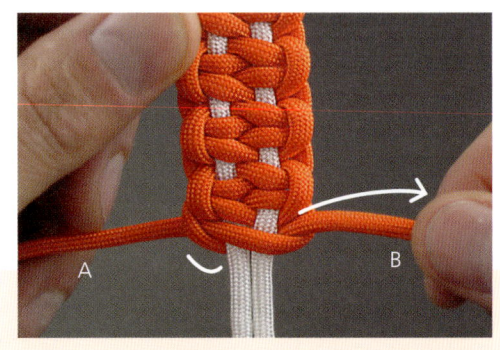

16 さらにBを白コードの向こう側から右側のループに通し、右側へ出す。しっかり引きしめる。

17 Aを白コードの手前を通して右へ移す。

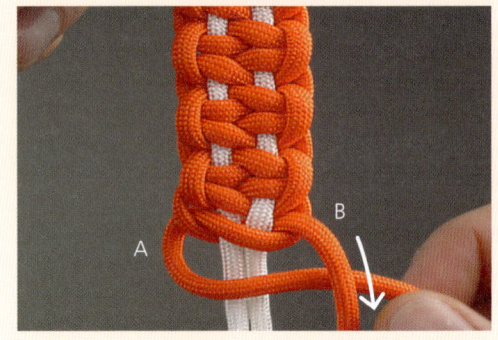

18 BをAの手前に出し、下へ垂らす。

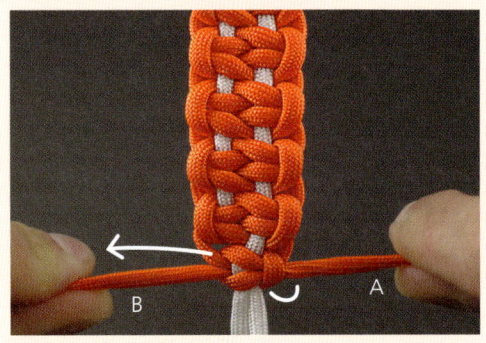

19 さらにBを白コードの向こう側から左側のループに通し、左側へ出す。しっかり引きしめる。

20 AとBを慎重にギリギリでカットし、焼き止めする。

21 残った白コード2本で2本組みダイアモンドノット(→P.20)を結び、コードの端を慎重にギリギリでカットして焼き止めする。

22 ドット入りブレイズ結びのブレスレットのできあがり。

KBK Bar
KBK 結び

この結びの「KBK」とは、じつは私のミューズでもある妻、クリステン・B・カコスの頭文字。この結びが生まれたきっかけは、アイデアが夢に現れるという神秘的な体験からだった。その体験にちなんで妻の名をつけたというわけ。そのとき私は夢の中で「起きろ！ 起きていますぐ結ぶんだ！」と叫んで目覚め、真夜中にこの結びを結んだ。

用尺(長さ約 19cm のブレスレット)⇒215cm を 2 本
テクニック ⇒ KBK 結び
Tips ⇒ コードはコントラストのはっきりした 2 色を。

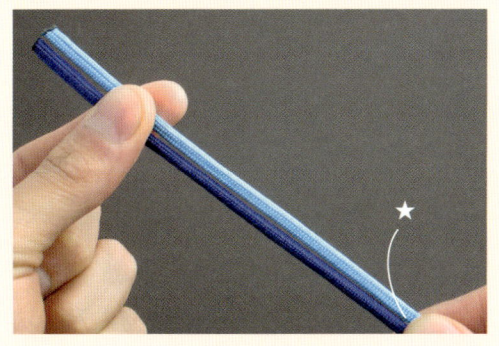

01 2 本のコードを引きそろえて持ち、左端からブレスレットの仕上がり寸法プラス約 13cm のところを測る。

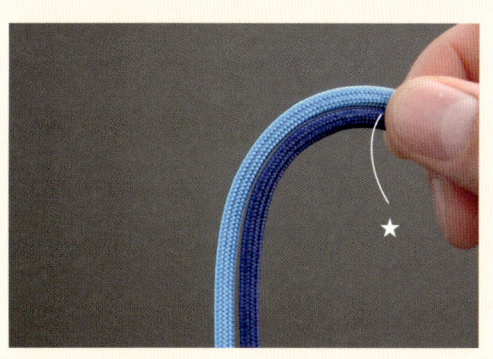

02 左端を下へ下ろし……

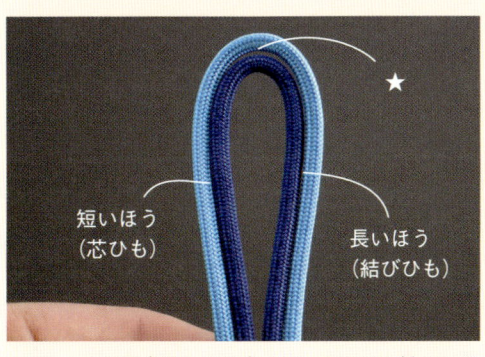

03 ★を頂点にして 2 本のコードを二つ折りにする。

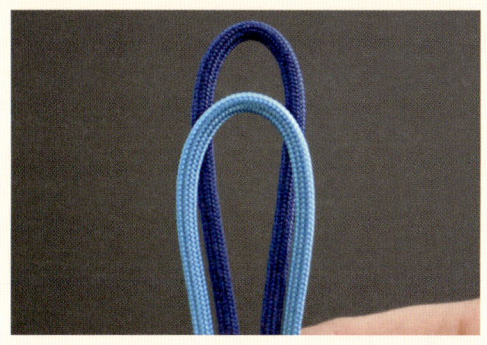

短いほう（芯ひも）　長いほう（結びひも）

04 コードの 1 本（水色）をもう 1 本のコード（青）の手前に少し下ろす。

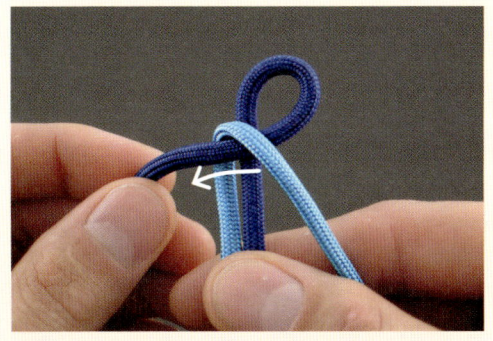

05 青の結びひもを 2 本の芯ひもの手前から左へ移す。

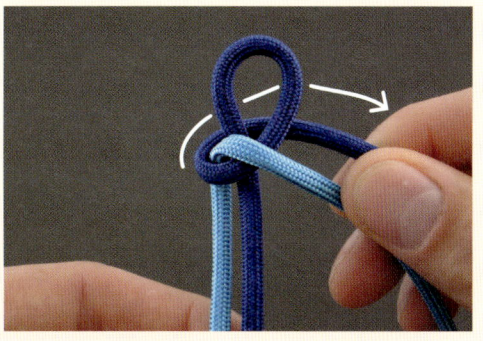

06 さらにトップのループの向こう側にまわして右へ戻し……

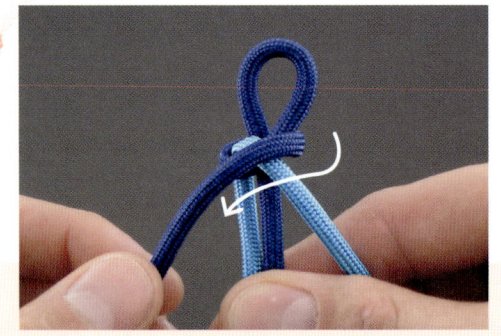

07 さらにループの手前を通して左へ移し……

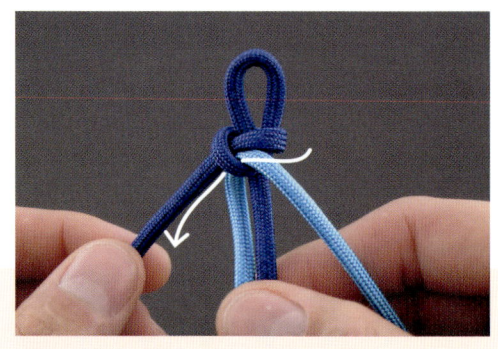

08 左側にできたループに通して引き出す。

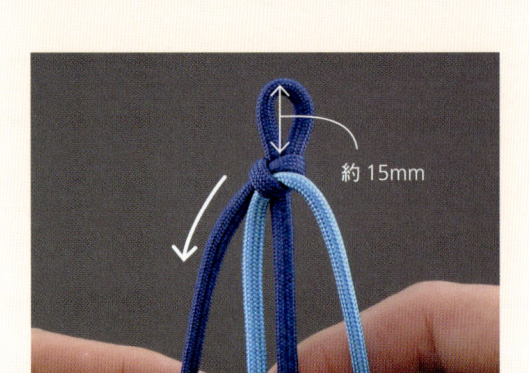

09 トップのループの高さが約15mmになるように整えながら、青の結びひもを引きしめる。

約15mm

10 水色の結びひもを2本の芯ひもの向こう側から左へ移す。

11 青の結びひもを水色の結びひもの向こう側に重ねて、下へ垂らす。

12 青の結びひもを水色の芯ひもの手前から右へ移し……

13 水平に渡った水色の結びひもの向こう側から手前に出し……

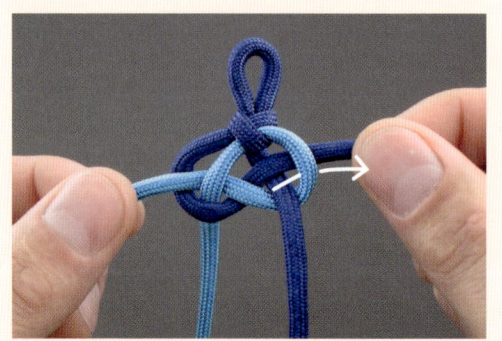

14 青の芯ひもの手前を通して右側のループに入れ、引き出す。2本の結びひもをほどよく引きしめる(ここでの幅がベルトの横幅になる)。

Chapter 06　　Raising the Bar　　KBK Bar　　123

15 青の結びひもを2本の芯ひもの手前から左へ移す。

16 水色の結びひもを青の結びひもの手前に出し、下へ垂らす。

17 水色の結びひもを水色の芯ひもの向こう側から右へ移し……

18 水平に渡った青の結びひもの手前から向こう側へ出し……

19 青の芯ひもの向こう側を通して右側のループに入れ、引き出す。2本の結びひもをほどよく引きしめる。

20 残りのコードが約13cmになるまで、10〜19をくり返す。

21 水色の結びひもを2本の芯ひもの手前から左へ移す。

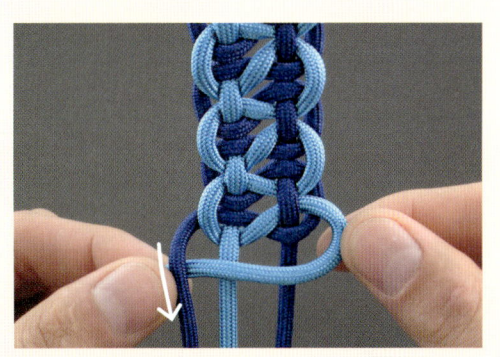

22 青の結びひもを水色の結びひもの手前に出し、下へ垂らす。

23 青の結びひもを2本の芯ひもの向こう側から右へ移し、右側のループに通して右へ出し、しっかり引きしめる。

24 水色の結びひもを2本の芯ひもの手前から右へ移す。

25 青の結びひもを水色の結びひもの手前に出し、下へ垂らす。

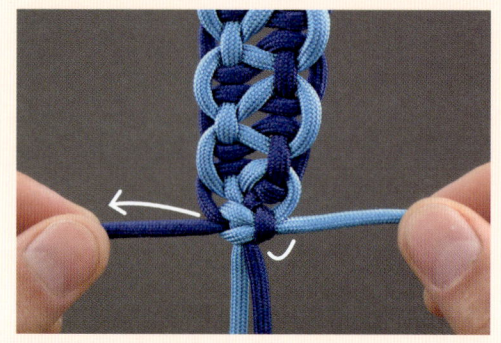

26 青の結びひもを2本の芯ひもの向こう側から左へ移し、左側のループに通して左へ出し、しっかり引きしめる。

27 2本の結びひもの端を慎重にギリギリでカットし、焼き止めする。

28 残った芯ひも2本で2本組みダイアモンドノット(→P.20)を結ぶ。

29 芯ひも2本の端も慎重にギリギリでカットし、焼き止めする。

30 KBK結びのブレスレットのできあがり。

Chapter 07
Back-to-Back Bars
リバーシブル結びのバリエーション

リバーシブル結びとは、同じ種類の結び2本を合体させるテクニック。2本を重ねれば厚みが出るし、並べれば幅広になるので、ボリューム感ある仕上がりになるのが特徴だ。

25 How to knot ≫ page.141
How to make ≫ page.158

サメの歯結びブレスレット（左）

サメの歯のようにコードが並ぶクールデザインは
二重仕立ての厚地ならではのホールド感も魅力。

26 How to knot ≫ page.128
How to make ≫ page.159

リバーシブル結びブレスレット（右）

片面をリフレクター入りコードにして、表裏で
おしゃれ用、夜道での安全用と使い分けよう。

127

27 How to knot ≫ page.138
How to make ≫ page.158

羽根結びのツールホルダー（左）

足場の悪い場所でツールをしっかり持つための
ホルダーは、パラコードの本領発揮アイテム。

28 How to knot ≫ page.134
How to make ≫ page.159

わだち結びのツールホルダー（右）

よりソフトに手にフィットするホルダーが
好みなら、こちらのわだち結びバージョンを。

Back-To-Back Bar
リバーシブル結び

リバーシブル結びは、ふたつの平結びが表裏で合体したような結び方。使用する2色のコードを交差させずにそれぞれの色で結んでいくのがコツで、この原理を応用すればほかのさまざまな結びをリバーシブルデザインにアレンジすることもできる。

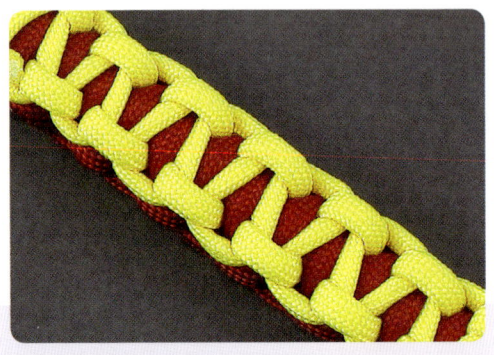

用尺（長さ約9cmのチャーム） ➡ 185cmを2本
テクニック ➡ リバーシブル仕立て、平結び
Tips ➡ このテクニックは2列の平結びを同時に結ぶ「ダブル平結び」の技法のひとつ。

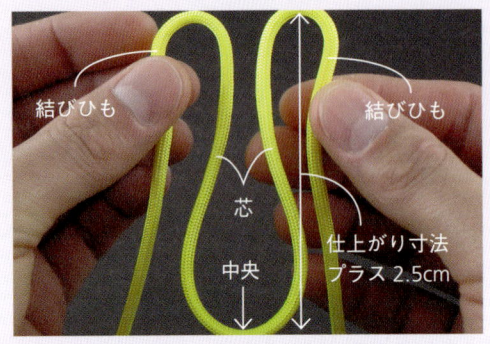

01 1本めのコード（黄）を中央から下向きの二つ折りにし、仕上がり寸法プラス約2.5cmの長さの上向きの二つ折りを2個つくる。

02 右の結びひもを2本の芯ひもの手前から左へ移す。

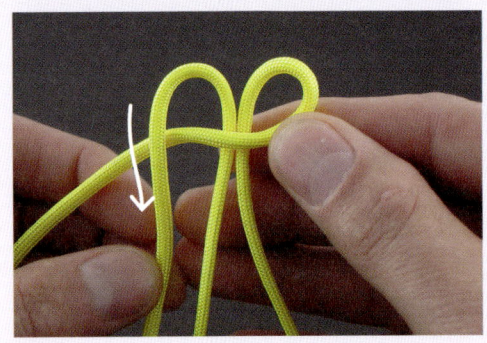

03 左の結びひもを手前に出し、下へ垂らす。

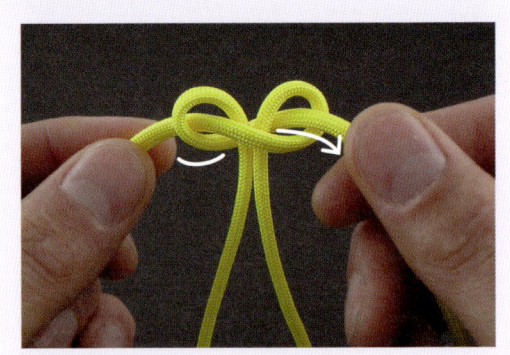

04 垂らした結びひもを2本の芯ひもの向こう側から右側のループに通して右へ出す。

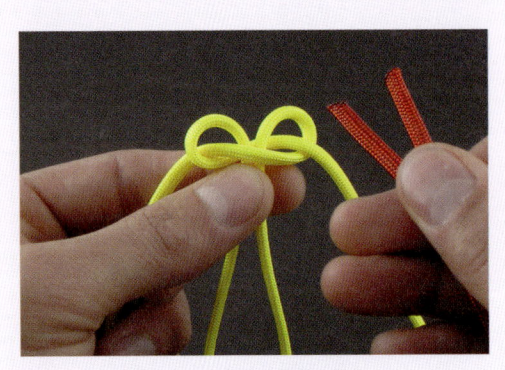

05 2本めのコード（赤）の両端を持ち……

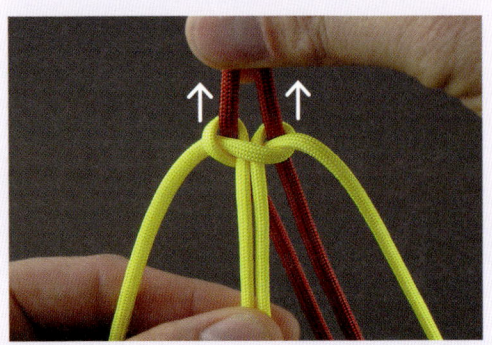

06 黄コードのトップのループふたつにそれぞれ1本ずつ、赤コードを向こう側から通して引き出す。

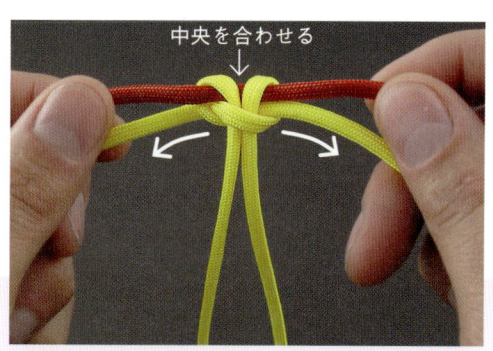

Chapter 07　Back-to-Back Bars　Back-To-Back Bar　129

07 赤コードの中央をトップのループの中央に合わせたら、黄の結びひも2本を左右へ引いてループを引きしめる。

08 右の赤コードを2本の芯ひもの手前から左へ移す。

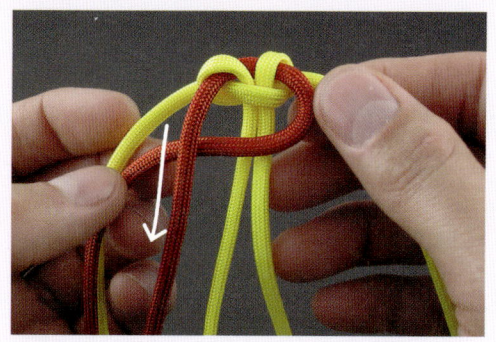

09 左の赤コードを手前に出し、下へ垂らす。

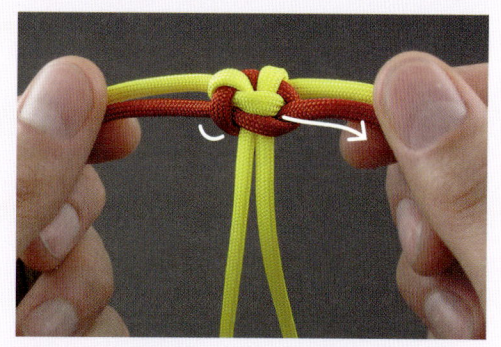

10 垂らした赤コードを2本の芯ひもの向こう側から右側のループに通して右へ出す。結び目をしっかり引きしめる。

11 右の結びひもを2本の芯ひもの向こう側から左へ移す。

12 左の結びひもを右の結びひもの向こう側に重ねて、下へ垂らす。

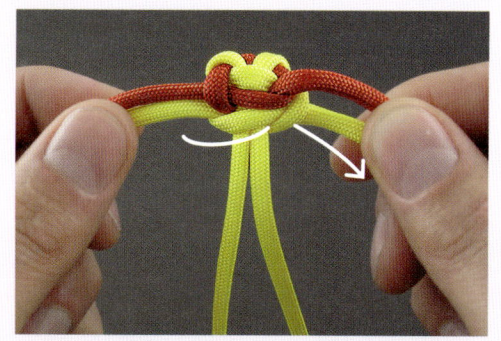

13 垂らした結びひもを2本の芯ひもの手前から右側のループに通して右へ出す。結び目をしっかり引きしめる。

14 右の赤コードを2本の芯ひもの向こう側から左へ移す。

15 左の赤コードを右の赤コードの向こう側に重ねて、下へ垂らす。

16 垂らした赤コードを2本の芯ひもの手前から右側のループに通して右へ出す。結び目をしっかり引きしめる。

17 右の結びひもを2本の芯ひもの手前から左へ移す。

18 左の結びひもを手前に出し、下へ垂らす。

19 垂らした結びひもを2本の芯ひもの向こう側から右側のループに通して右へ出す。結び目をしっかり引きしめる。

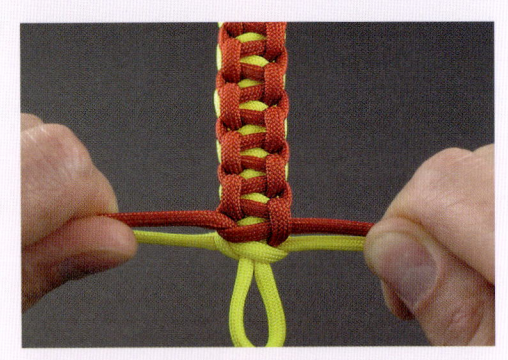

20 仕上がり寸法になるまで08〜19をくり返す。

21 最後に4本のコードを慎重にギリギリでカットし、焼き止めする。

22 リバーシブル結びのチャームのできあがり。裏面はこのようになっている。

Chapter 07　Back-to-Back Bars　The Wrapture　131

The Wrapture
リバーシブルねじり結び

リバーシブルねじり結びは、リバーシブル結びのスパイラルバージョン。ねじり結びを二重にする方法としては2色のコードを交互に配置して結ぶ「ダブルねじり結び」が一般的なのだが（2色が混ざったデザインになる）、同色の2本を並べた配置にしているのがミソ。リバーシブル仕立てを活用したデザインだ。

用尺（長さ約9cmのチャーム） ➡ 185cmを2本
テクニック ➡ リバーシブル仕立て、ダブルねじり結び
Tips ➡ このテクニックは2列のねじり結びを同時に結ぶ「ダブルねじり結び」の技法のひとつ。

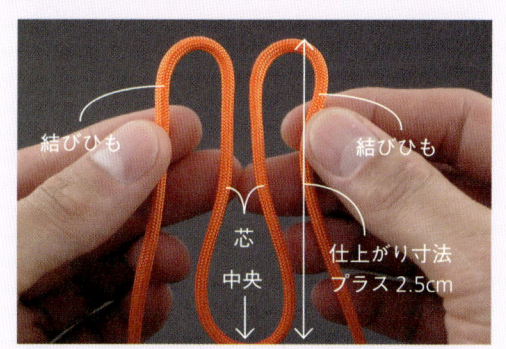

01 1本めのコード（オレンジ）を中央から下向きの二つ折りにし、仕上がり寸法プラス約2.5cmの長さの上向きの二つ折りを2個つくる。

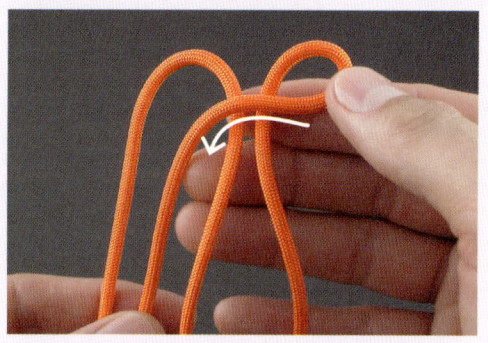

02 右の結びひもを2本の芯ひもの手前から左へ移す。

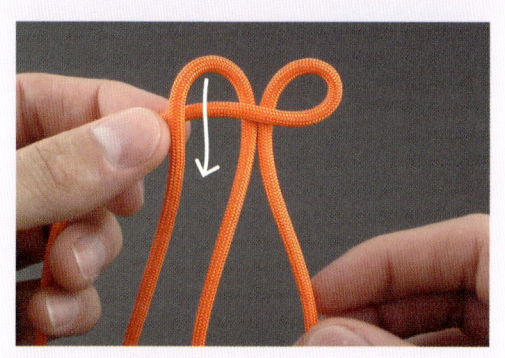

03 左の結びひもを手前に出し、下へ垂らす。

04 垂らした結びひもを2本の芯ひもの向こう側から右側のループに通して右へ出す。

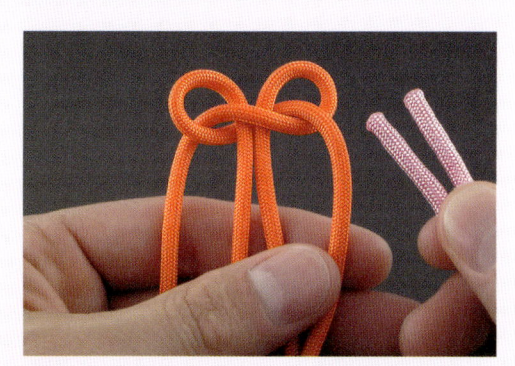

05 2本めのコード（ピンク）の端を持ち……

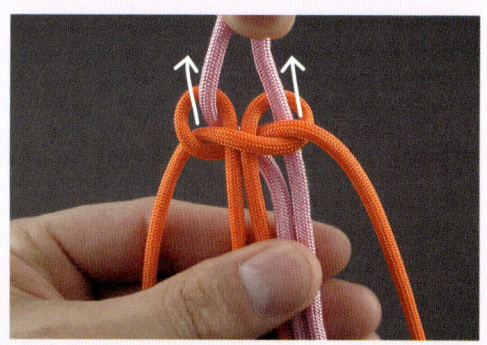

06 オレンジコードのトップのループふたつにそれぞれ1本ずつ、ピンクコードを向こう側から通して引き出す。

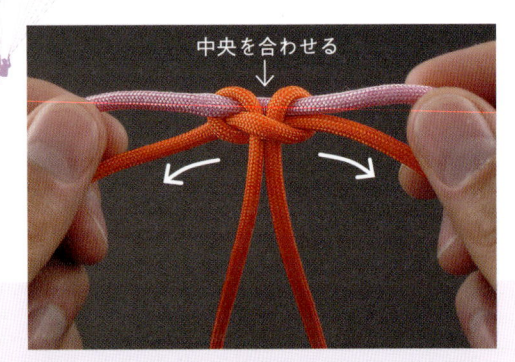

07 ピンクコードの中央をトップのループの中央に合わせたら、オレンジの結びひも2本を左右へ引いてループを引きしめる。

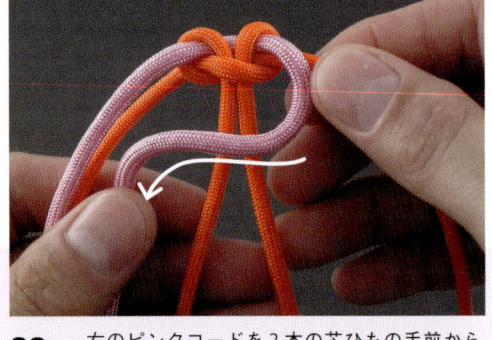

08 右のピンクコードを2本の芯ひもの手前から左へ移す。

09 左のピンクコードを手前に出し、下へ垂らす。

10 垂らしたピンクコードを2本の芯ひもの向こう側から右側のループに通して右へ出す。結び目をしっかり引きしめる。

11 右の結びひもを2本の芯ひもの手前を通して左へ移す。

12 左の結びひもを手前に出し、下へ垂らす。

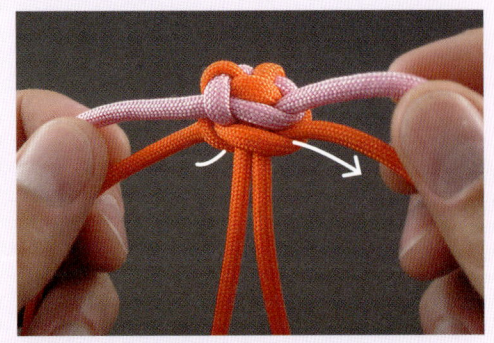

13 垂らした結びひもを2本の芯ひもの向こう側から右側のループに通して右へ出す。結び目をしっかり引きしめる。

14 仕上がり寸法マイナス約15mmになるまで08～13をくり返す。

Chapter 07　Back-to-Back Bars　The Wrapture　133

15 右側のピンクコード（2列並んだ結び目の手前側になっているほうのコード）を2本の芯ひもの手前から左へ移す。

16 左側のピンクコード（2列並んだ結び目の手前側になっているほうのコード）を手前に出し、下へ垂らす。

17 垂らしたコードを2本の芯ひもの向こう側から右側のループに通し、右へ出す。結び目をしっかり引きしめる。

18 左側のピンクコードを2本の芯ひもの手前から右へ移す。

19 右側のピンクコードを手前に出し、下へ垂らす。

20 垂らしたコードを2本の芯ひもの向こう側から左側のループに通し、左へ出す。結び目をしっかり引きしめる。

21 4本のコードを慎重にギリギリでカットし、焼き止めする。

22 二重にらせんを描いたすばらしいチャームのできあがり！

Tire Tread
わだち結び

わだち結びはリバーシブル結びを少しだけアレンジした結び。ほんの少しアレンジするだけでも、見ての通り仕上がりはまったく別モノになる。しっかりとした結びは見た目にカッコイイだけでなく、ブレスレットにしたときのつけ心地もバツグンだ。

用尺（長さ約 19cm のブレスレット）→ 215cm を 2 本
テクニック → リバーシブル仕立て、平結び
Tips → 必ずひとつ前の結びひもの上から次に結ぶひもを手前に出して結ぶのがポイント。

01 ［ストッパーノットの結び方］コードの中央から人差し指にふた巻きする。

02 巻いたコードを指先に移動させる。

03 巻き終わり側のコードの端をコイル巻きしたコードの上から巻きはじめ側へ戻し、コイルの中に通して巻き終わり側から引き出す。

04 03 と同様に、もうひと巻きする。

05 コードを指からはずす。

06 結び目のたるみをなくし、しっかり結ぶ。

Chapter 07　Back-to-Back Bars　Tire Tread　135

07 ストッパーノットのできあがり。この結び目がブレスレットの留め具になる。

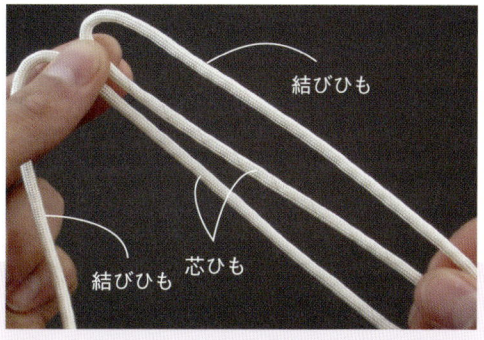

08 2本めのコード（白）を中央から下向きの二つ折りにし、仕上がり寸法プラス約15mmの長さの上向きの二つ折りを2個つくる。

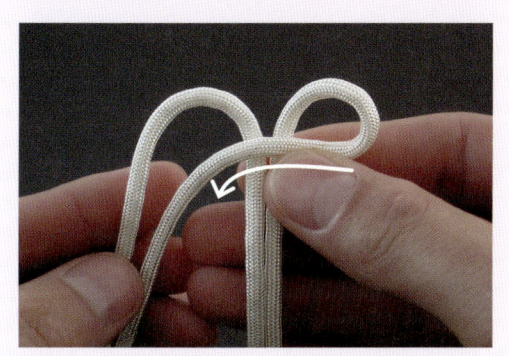

09 右の結びひもを2本の芯ひもの手前から左へ移す。

10 左の結びひもを手前に出し、下へ垂らす。

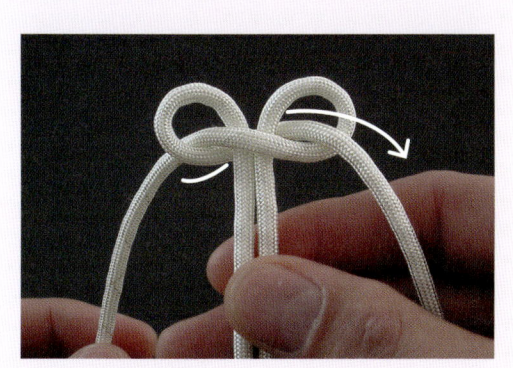

11 垂らした結びひもを2本の芯ひもの向こう側から右側のループに通し、右へ出す。

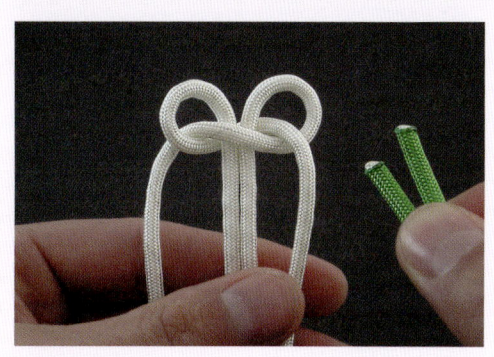

12 1本めのコード（ノットを結んだ緑コード）の両端を持ち……

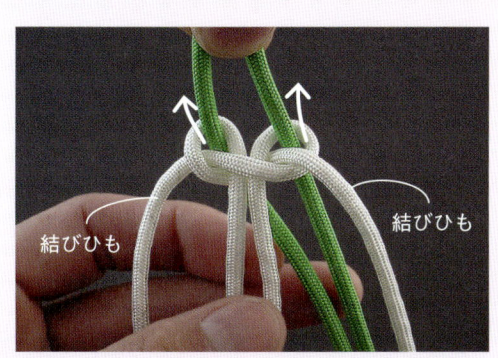

13 白コードのトップのループふたつにそれぞれ1本ずつ、緑コードを向こう側から通して引き出す。

14 緑コードの中央のノットをトップのループの中央に合わせたら、白の結びひも2本を下へ引いてループを引きしめる。

15 右の緑コードを2本の芯ひもの向こう側から左へ移す。

16 左の緑コードを右の緑コードの向こう側に重ねて、下へ垂らす。

17 垂らしたコードを2本の芯ひもの手前から右側のループに通し、右へ出す。結び目をしっかり引きしめる。

18 右の結びひも（白）を緑コードの手前に出す。

19 右の結びひもを2本の芯ひもの手前から左へ移す。

20 左の結びひも（白）を手前に出し、下へ垂らす。

21 垂らした結びひもを2本の芯ひもの向こう側から右側のループに通し、右へ出す。結び目をしっかり引きしめる。

22 右の緑コードを結びひもの手前に出し、2本の芯ひもの向こう側から左へ移す。

| Chapter 07 | Back-to-Back Bars | Tire Tread | 137 |

23 左の緑コードを右の緑コードの向こう側に重ねて、下へ垂らす。

24 垂らした緑コードを2本の芯ひもの手前から右側のループに通し、右へ出す。結び目をしっかり引きしめる。

25 仕上がり寸法マイナス約15mmになるまで、18〜24をくり返す。

26 右の緑コードを2本の芯ひもの手前から左へ移す。

27 左の緑コードを手前に出し、下へ垂らす。

28 垂らしたコードを2本の芯ひもの向こう側から右側のループに通し、右へ出す。結び目をしっかり引きしめる。

29 4本のコードの端を慎重にギリギリでカットし、焼き止めする。

30 わだち結びのブレスレットのできあがり。

Feather Bar (Back-To-Back)
羽根結び（リバーシブル）

リバーシブルの羽根結びは、個人的にリバーシブル結びのなかでもいちばんすっきりしたデザインだと思っている。最も幅が広いことに加え、2色使いで厚みがあり、両面とも美しいので、ブレスレットにぴったり。ひとつでふたつ分楽しめるお得な作品になるというわけ。

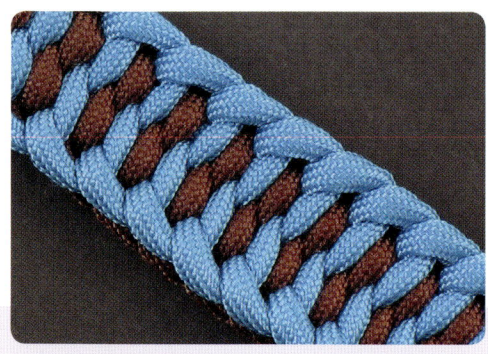

用尺（長さ約19cmのブレスレット） ➡ 215cmを2本
テクニック ➡ リバーシブル仕立て、羽根結び
Tips ➡ 結びひもを1本にして結べば、1色使いのシンプルな羽根結びになる。

01 1本めのコード（茶）の中央に「ストッパーノット」（→P.134）を結ぶ。

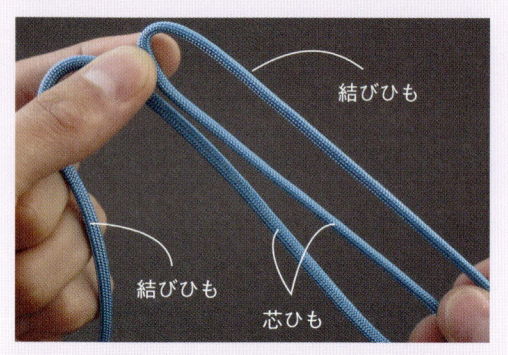

02 2本めのコード（水色）を中央から下向きの二つ折りにし、さらにブレスレットの仕上がり寸法の長さの上向きの二つ折りを2個つくる。

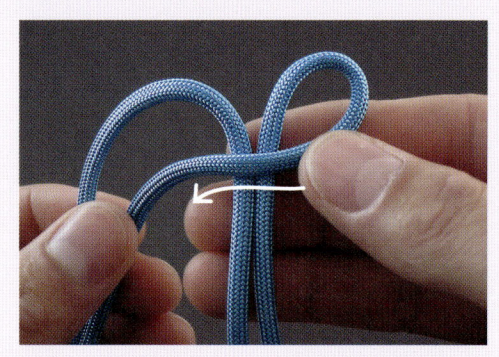

03 右の結びひもを2本の芯ひもの手前から左へ移す。

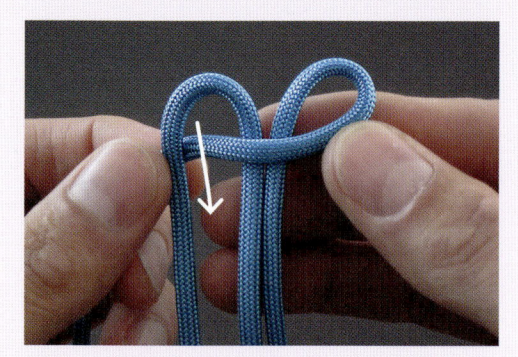

04 左の結びひもを手前に出し、下へ垂らす。

05 垂らした結びひもを2本の芯ひもの向こう側から右側のループに通し、右へ出す。

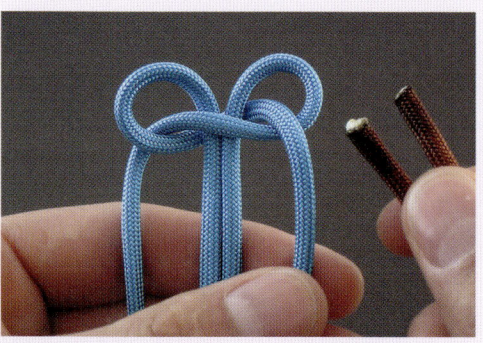

06 1本めのコード（ノットを結んだ茶コード）の両端を持ち……

| Chapter 07 | Back-to-Back Bars | Feather Bar (Back-To-Back) | 139 |

07 水色コードのトップのループふたつにそれぞれ1本ずつ、茶コードを向こう側から通して引き出す。

08 茶コードの中央のノットをトップのループの中央に合わせたら、水色の結びひも2本を引いてループを引きしめる。

09 右の茶コードを芯ひもの向こう側、手前と順に通して左へ移す。

10 左の茶コードを手前に出し、下へ垂らす。

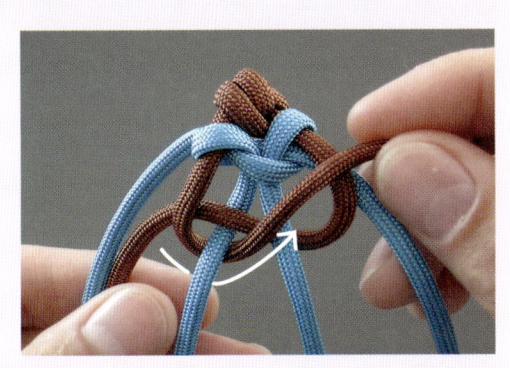

11 垂らしたコードを芯ひもの向こう側、手前と順に通して右へ移す。

12 さらに右側のループに手前から通し、右へ出す。結び目をしっかり引きしめる。

13 右の結びひもを芯ひもの向こう側、手前と順に通して左へ移す。

14 左の結びひもを手前に出し(茶コードはさらに手前に出しておく)、下へ垂らす。

15 垂らしたコードを芯ひもの向こう側、手前と順に通して右へ移す。

16 さらに右側のループに手前から通し、右へ出す。結び目をしっかり引きしめる。

17 仕上がり寸法マイナス約15mmになるまで、09〜16をくり返す。

18 右の茶コードを2本の芯ひもの手前から左へ移す。

19 左の茶コードを手前に出し、下へ垂らす。

20 垂らしたコードを2本の芯ひもの向こう側から右側のループに通し、右へ出す。結び目をしっかり引きしめる。

21 左の茶コードを2本の芯ひもの手前から右へ移す。

22 右の茶コードを手前に出し、下へ垂らす。

Chapter 07　　Back-to-Back Bars　　Feather Bar / Shark Jaw Bone　　141

23 垂らしたコードを2本の芯ひもの向こう側から左のループに通し、左へ出す。結び目をしっかり引きしめる。

24 4本のコードの端を慎重にギリギリでカットし、焼き止めする。

25 羽根結び（リバーシブル）のブレスレットのできあがり。写真は横から見たところ。

26 これは裏面を表にしたパターン。

Shark Jaw Bone (Back-To-Back)
サメの歯結び（リバーシブル）

サメの歯結びは、その名の通りずらりと並んだサメの歯のようなパターンが特徴。リバーシブル結びをステップアップさせた結び方で、ブレスレットにすればほかに類を見ない個性的でクールなデザインになること間違いなし！

用尺（長さ約20cmのブレスレット） ➡ 160cmを2本
テクニック ➡ リバーシブル仕立て、サメの歯結び
Tips ➡ 完成すると、2色のサメの歯パターンが表と裏にそれぞれできあがる。

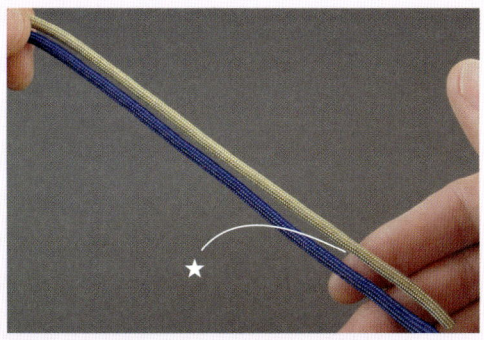

01 2本のコードを引きそろえて持ち、ブレスレットの仕上がり寸法プラス約13cmのところを測る。

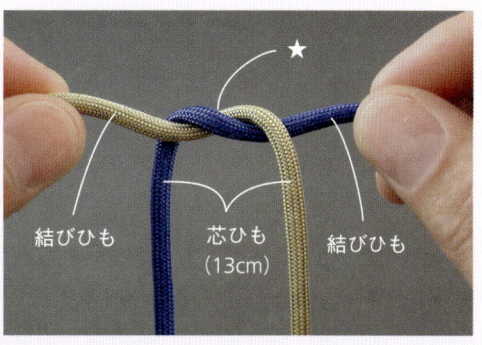

02 測ったポイントで左右のコードをからげ、短いほうのコードの端を下へ垂らす。

結びひも　芯ひも（13cm）　結びひも

03 紺の結びひもをベージュの芯ひもの手前に出し……

04 紺の芯ひもの向こう側から左へ移す。

05 ベージュの結びひもを紺の結びひもにからげて向こう側へまわし……

06 右側の紺のループとベージュの芯ひもの間に通す。

07 できた結び目を整え……

08 かたく引きしめる。

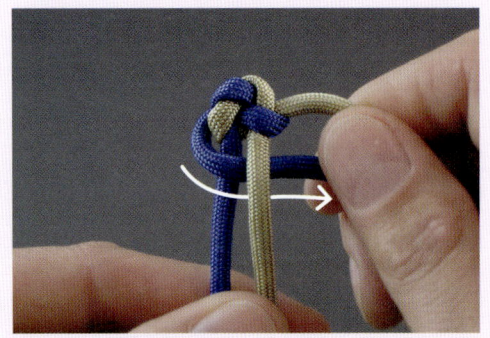

09 紺の結びひもを芯ひもの手前、向こう側と順に通して右へ移す。

10 ベージュの結びひもを芯ひもの手前、向こう側と順に通して左へ移し……

Chapter 07 | Back-to-Back Bars | Shark Jaw Bone (Back-To-Back) | 143

11 紺の結びひものループに向こう側から通し、左へ出す。

12 結び目をしっかり引きしめる。

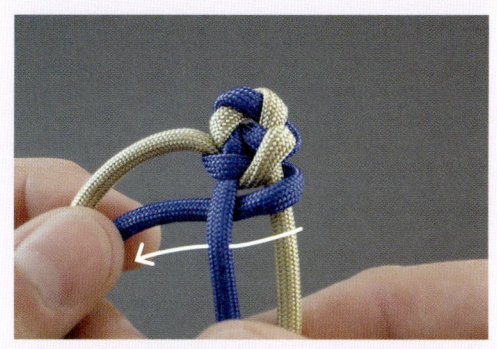

13 紺の結びひもを芯ひもの手前、向こう側と順に通して左へ移す。

14 ベージュの結びひもを芯ひもの手前、向こう側と順に通して右へ移し……

15 紺の結びひものループに向こう側から通し、右へ出す。

16 結び目をしっかり引きしめる。

17 コードの残りが約13cmになるまで、09〜16をくり返す。

18 結びはじめの部分に戻り……

19 紺のコードをつまみ……

20 高さ約15mmのループになるまで引き出す(かたくて引き出せないときは、ペンチなどを使おう)。

21 上下を逆に持ち替えて……

22 2本の結びひもをしっかり引きしめる。

23 2本の結びひもの端を慎重にギリギリでカットし、焼き止めする。

24 2本の芯ひもで2本組みダイアモンドノット(→P.20)を結び……

25 芯ひもの端を慎重にギリギリでカットし、焼き止めする。

26 サメの歯結びのブレスレットのできあがり。写真は裏面を表にしたパターン。

How to make

作品のつくり方

[つくりはじめる前に]
・材料欄(Material)に記載した[　]内の文字は、製品の色番号、製品番号です。
・材料欄でコードの配色を示したA、Bは写真プロセスページの用尺欄に対応しています。

01　2本組みダイアモンドノットのチャーム

Photo ≫ page.18　**2-Strand Diamond Knot**

Material

- メルヘン アウトドアコード　40cm
  Ⓐレッド[1621]、Ⓑマゼンダ[1622]、Ⓒオレンジ[1623]、Ⓓイエロー[1624]、Ⓔイエローグリーン[1625]、Ⓕグリーン[1626]、Ⓖスカイブルー[1627]、Ⓗアクアマリン[1628]、Ⓘブルー[1629]、Ⓙパープル[1630]、Ⓚイタリアンカモ[1636]、Ⓛフレンチカモ[1637]、Ⓜレインボーカモ[1638]
- プチキーリング[BK1043](直径20mm)　1個

① コードをリングに通し、中央をリングに合わせる。

② ループの高さが2cmになるように**2本組みダイアモンドノット**(→**P.20**)を結ぶ。

③ コードの端を1.5cm残してカットし、焼き止めする。

スタート　2cm　1cm　1.5cm

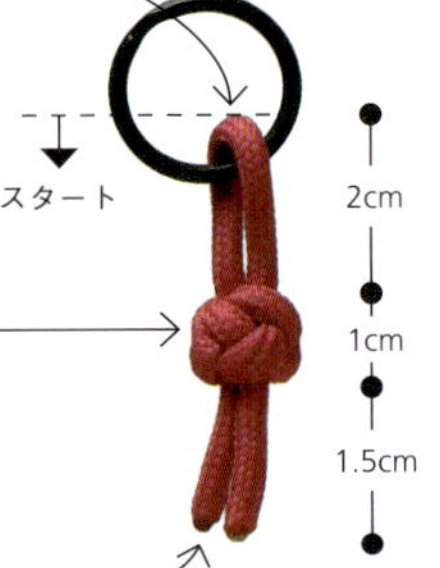

03　パラコードボールのストラップ

Photo ≫ page.19　**Paracord Balls**

Material

- メルヘン アウトドアコード
  レッド[1621]、アクアマリン[1628]　各200cm
- 鉄砲カン[S1015]　1個

[四つ組みの結び方]

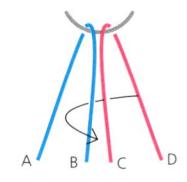

❶ 図のように2本をセットし、Dを矢印のように動かしBとCの間に入れる。

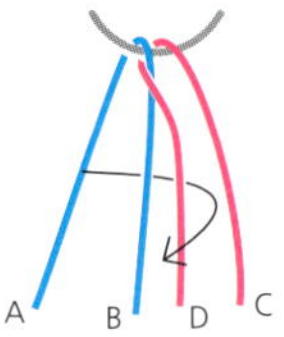

❷ Aを矢印のように動かし、BとDの間に入れる。

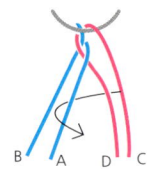

❹ Cを矢印のように動かし、AとDの間に入れる。

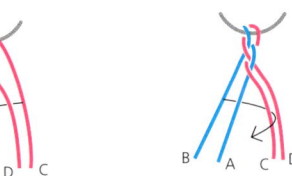

❺ Bを矢印のように動かし、AとCの間に入れる。

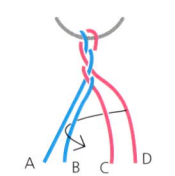

❻ Dを矢印のように動かし、BとCの間に入れる。

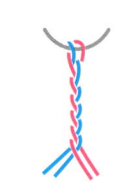

❻ ときどき引きしめながら、❷～❺をくり返す。

① 2本のコードの中央を鉄砲カンに合わせ、四つ組みを3cm結ぶ。

② 四つだたみを1回結ぶ(→**P.22／手順02～06**)。

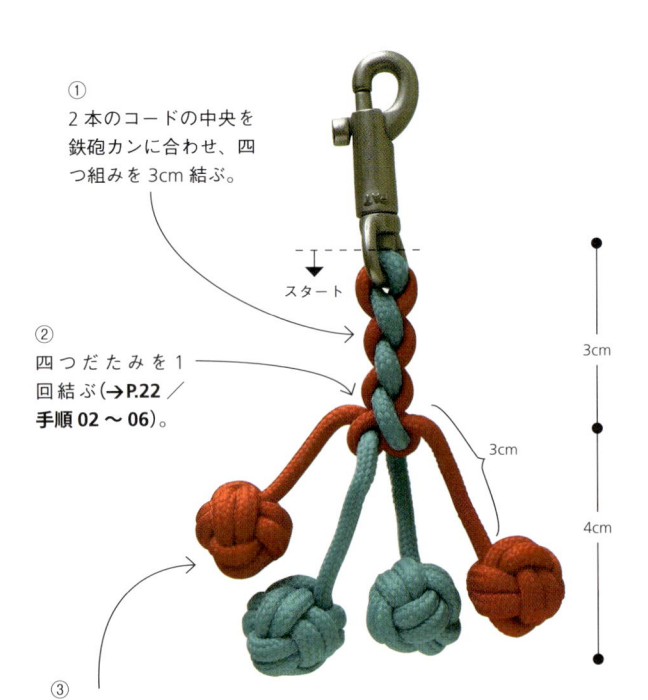

スタート　3cm　3cm　4cm

③ 4本のコードそれぞれに、四つだたみから続けて**パラコードボール**(→**P.28**)を結ぶ。手順15まで結んだら、15で引きしめたコードをそのまま引いて四つだたみから3cmのところにボールを形づくる。あまったコードはギリギリでカットし、焼き止めする。

| How to make | 147

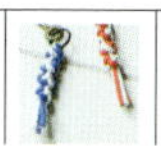

02　連続ダイアモンドノットのチャーム

Photo ≫ page.18　　Diamond Waterfall

Material

☐ メルヘン アウトドアコード
　Ⓐブルー[1629]、レフ-ホワイト[1631]　各80cm
　Ⓑレッド[1621]、レフ-ホワイト[1631]　各80cm
☐ プチキーリング[BK1043]（直径20mm）　1個

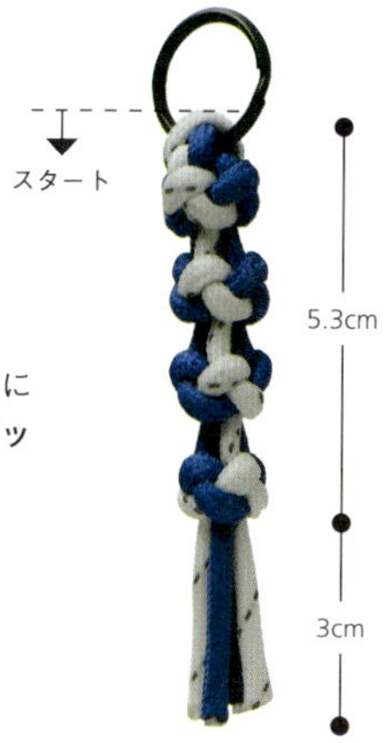

① 写真プロセスの通りに**連続ダイアモンドノット（→P.22）**を結ぶ。

スタート
5.3cm
3cm

04　ミニグローブノットのストラップ

Photo ≫ page.19　　Tiny Globe Knot

Material

☐ メルヘン アウトドアコード
　オレンジ[1623]、グリーン[1626]　各100cm
☐ 鉄砲カン[S1015]　1個
☐ ナチュラルウッドビーズ丸玉12mm[W601]　2個
　※直径12mmのビー玉などでもOK

[パーツにつける平結びの方法（③）]

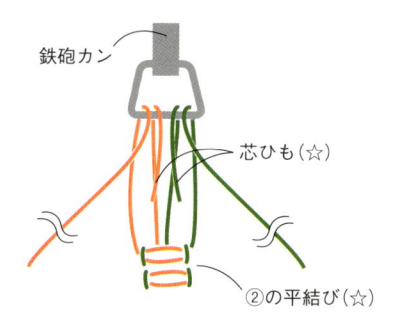

鉄砲カン
芯ひも（☆）
②の平結び（☆）

コード4本を鉄砲カンに通して折り返し（ここで上下の向きが変わる）、②の平結びと折り返した芯ひも2本（☆の合計6本）を束ねて芯にして、残りの2本で平結びを結ぶ。

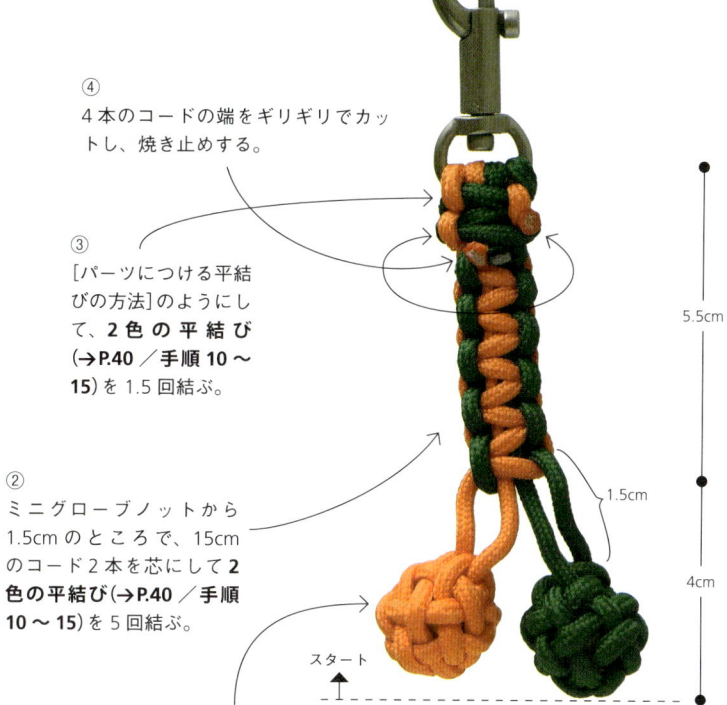

④ 4本のコードの端をギリギリでカットし、焼き止めする。

③ [パーツにつける平結びの方法]のようにして、**2色の平結び（→P.40／手順10〜15）**を1.5回結ぶ。

② ミニグローブノットから1.5cmのところで、15cmのコード2本を芯にして**2色の平結び（→P.40／手順10〜15）**を5回結ぶ。

① 2本のコードそれぞれに、コードの端の片方が15cmになるように**ミニグローブノット（→P.31）**を結ぶ。
※中にウッドビーズを入れる。

5.5cm
1.5cm
4cm
スタート

05　2色の平結びブレスレット

Photo ≫ page.36　　Solomon Bar

Material

□ メルヘン アウトドアコード
　イエローグリーン[1625]、ブルー[1629]　各150cm

[スタートの仕方]

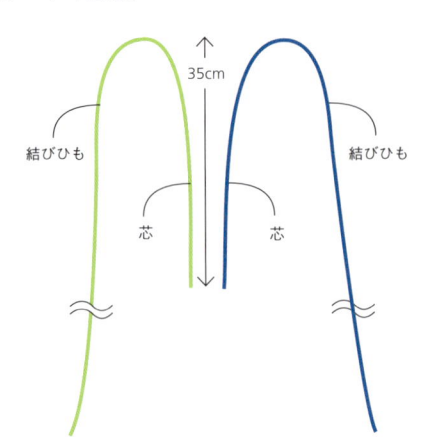

35cm
結びひも　　結びひも
芯　芯

① [スタートの仕方]のようにコードを配置し、**2色の平結び**（→P.40／手順03から）を結ぶ。

→スタート

1.5 cm　　17.5 cm　　2 cm

06　クロスステッチ平結びブレスレット

Photo ≫ page.36　　Crisscrossed Solomon Bar

Material

□ メルヘン アウトドアコード
　A：パープル[1630]　210cm
　B：レッド[1621]　130cm

① 写真プロセスの通りに**クロスステッチ平結び**（→P.46）を結ぶ。

→スタート

1.5 cm　　16 cm　　1.5 cm

How to make | 149

07　二重平結びのカメラストラップ　　Photo ≫ page.37　　Double-Solomon Bar (Thin Line)

Material

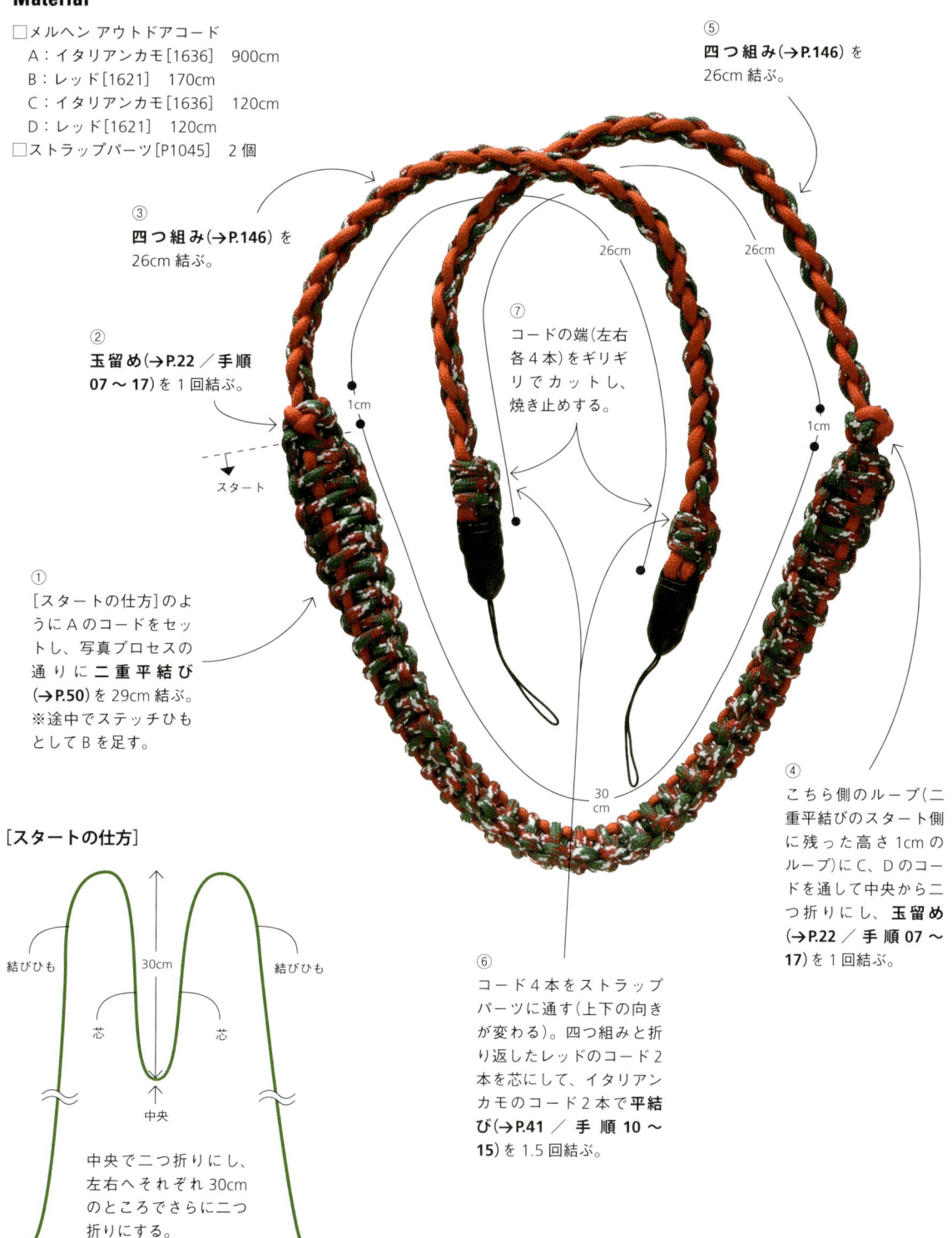

☐ メルヘン アウトドアコード
　A：イタリアンカモ［1636］　900cm
　B：レッド［1621］　170cm
　C：イタリアンカモ［1636］　120cm
　D：レッド［1621］　120cm
☐ ストラップパーツ［P1045］　2個

⑤ 四つ組み（→P.146）を26cm 結ぶ。

③ 四つ組み（→P.146）を26cm 結ぶ。

② 玉留め（→P.22／手順07〜17）を1回結ぶ。

⑦ コードの端（左右各4本）をギリギリでカットし、焼き止めする。

① ［スタートの仕方］のようにAのコードをセットし、写真プロセスの通りに**二重平結び**（→P.50）を29cm結ぶ。
※途中でステッチひもとしてBを足す。

④ こちら側のループ（二重平結びのスタート側に残った高さ1cmのループ）にC、Dのコードを通して中央から二つ折りにし、**玉留め**（→P.22／手順07〜17）を1回結ぶ。

⑥ コード4本をストラップパーツに通す（上下の向きが変わる）。四つ組みと折り返したレッドのコード2本を芯にして、イタリアンカモのコード2本で**平結び**（→P.41／手順10〜15）を1.5回結ぶ。

［スタートの仕方］

結びひも　30cm　結びひも
芯　芯
中央

中央で二つ折りにし、左右へそれぞれ30cmのところでさらに二つ折りにする。
（二重平結びを29cm結ぶと高さ1cmのループが残る）。

08 簡単リングボルトヒッチのカラビナストラップ

Photo ≫ page.56   **Ringbolt Hitch Viceroy**

Material

- メルヘン アウトドアコード
  レッド[1621]　130cm
- プチキーリング[BK1043]（直径20mm）　1個
- カラビナ[S1048]（長さ40mm）　1個

[カラビナの通し方]

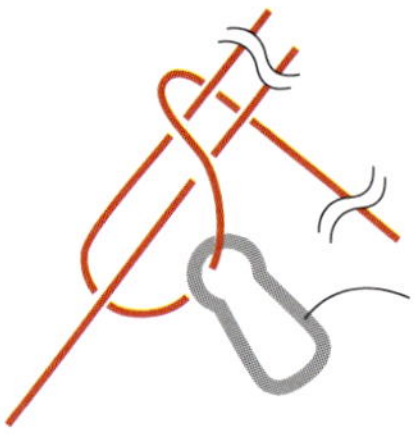

手順03の前に、左のように結びひもにカラビナを通しておく。

カラビナ

[スタートの仕方]

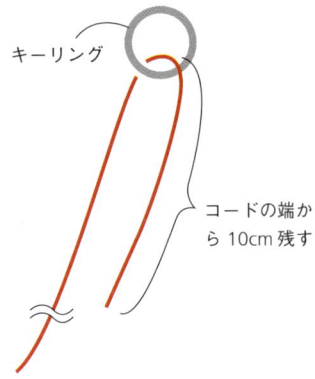

キーリング

コードの端から10cm残す

① [スタートの仕方]のようにリングにコードをセットする。

② 写真プロセスの通りに**簡単リングボルトヒッチ**（→P.64）を8cm結ぶ（手順03の前に結びひもにカラビナを通す）。

③ コードの端をギリギリでカットして焼き止めする。

スタート

8cm

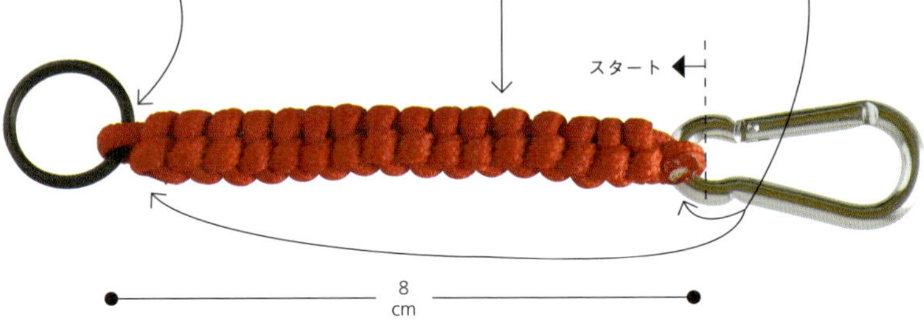

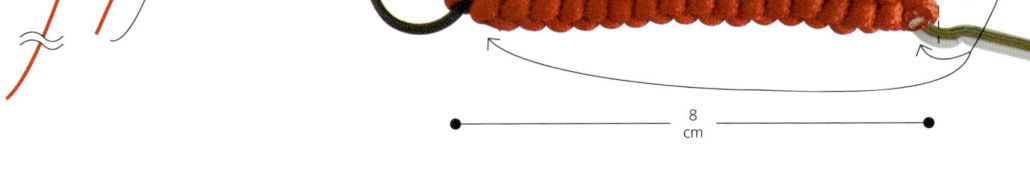

09 ダブルステッチング8の字結びのカラビナストラップ

Photo ≫ page.56   **Double-Stitched Switchback Strap**

Material

- メルヘン アウトドアコード
  スカイブルー[1627]、レフ-ホワイト[1631]　各100cm
- プチキーリング[BK1043]（直径20mm）　1個
- カラビナ[S1048]（長さ40mm）　1個

[カラビナの通し方]

キーリング

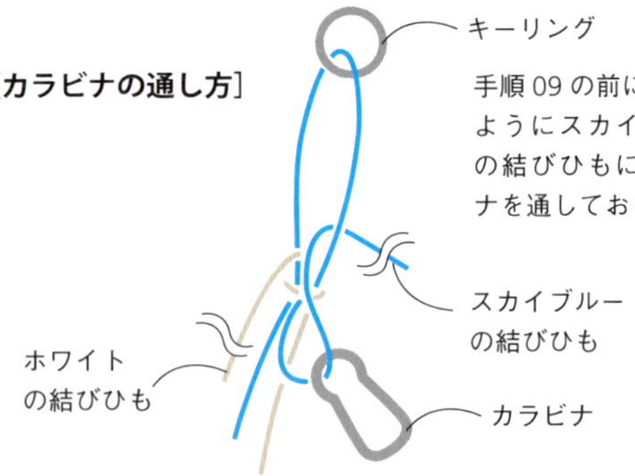

手順09の前に、左のようにスカイブルーの結びひもにカラビナを通しておく。

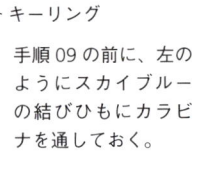

スカイブルーの結びひも

ホワイトの結びひも

カラビナ

[スタートの仕方]

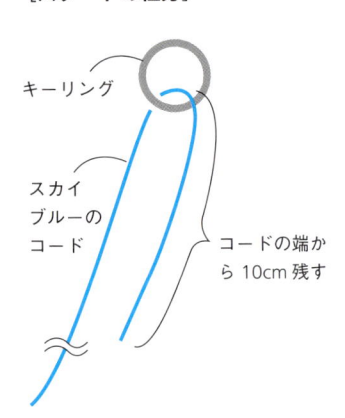

キーリング

スカイブルーのコード

コードの端から10cm残す

① [スタートの仕方]のようにリングにコードをセットする。

② 写真プロセスの通りに**ダブルステッチング8の字結び**（→P.66）を8cm結ぶ（手順09の前にスカイブルーの結びひもにカラビナを通す）。

③ コードの端をギリギリでカットして焼き止めする。

スタート

8cm

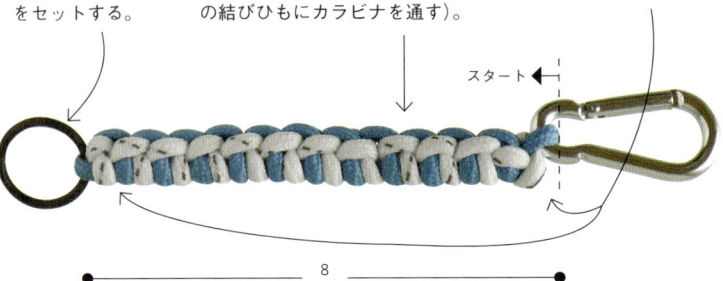

How to make | 151

10　8の字結びブレスレット

Photo ≫ page.57　Switchback Strap

Material
- メルヘン アウトドアコード
  アーミーカモ[1635]　200cm

① 写真プロセスの通りに **8の字結び**（→P.58）を結ぶ。

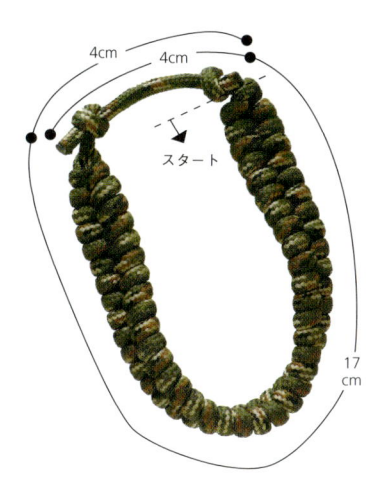

4cm　4cm
スタート
17cm

11　2色の8の字結びブレスレット

Photo ≫ page.57　Switchback Strap (Two Color)

Material
- メルヘン アウトドアコード
  マゼンダ[1622]、ブルー[1629]　各150cm

③ ピンク2本で**長さ調節可能なブレスレット**（→**P.59**／**手順10〜14**）の始末をする。

② ブルーのコードをギリギリでカットし、焼き止めする。

① 写真プロセスの通りに **8の字結び〈2色〉**（→P.60）を17cm結ぶ。

7cm　7cm
スタート
17cm

12　ステッチング8の字結びブレスレット

Photo ≫ page.57　Stitched Switchback Strap

Material
- メルヘン アウトドアコード
  フレンチカモ[1637]　250cm

② コード2本で**長さ調節可能なブレスレット**（→**P.59**／**手順10〜14**）の始末をする。

① 写真プロセスの通りに**ステッチング8の字結び**（→P.62）を16cm結ぶ。

6cm　6cm
スタート
18cm

13　ショートステッチエンドレスフォールのベアベル

Photo ≫ page.70

Chainmailed Endless Falls

Material

- □ メルヘン アウトドアコード
  レッド[1621]、ブルー[1629]、
  レフ - ホワイト[1631]　各130cm
- □ キーリング（直径30mm）[S1014]　1個
- □ カウベル[MA2310]　1個

[スタートの仕方]

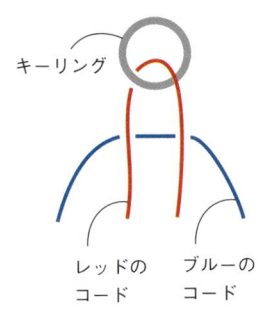

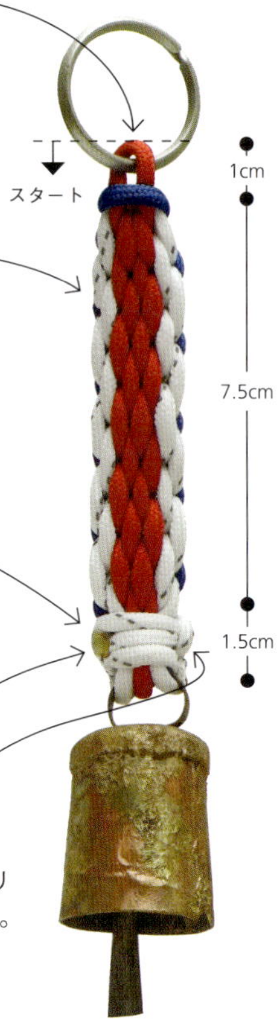

① [スタートの仕方]のようにリングにコードをセットして、**ショートステッチエンドレスフォール**（→P.79）を結びはじめる。

② ショートステッチエンドレスフォールを7.5cm結ぶ（手順14まで）。

③ 6本のコードをすべてカウベルに通し、②の端から1.5cmほどのところで折り返す（上下の向きが変わる）。折り返したホワイト2本で、残りの4本と折り返す前の6本を芯にして**平結び**（→P.38／手順03〜08）を1.5回結ぶ。
※ P.147[パーツにつける平結びの方法]と同様に結ぶ

④ コード6本の端をギリギリでカットし、焼き止めする。

15　色分けエンドレスフォールブレスレット

Photo ≫ page.71

Divided Endless Falls

Material

- □ メルヘン アウトドアコード
  マゼンダ[1622]、アクアマリン[1628]　各200cm

① 写真プロセスの通りに**色分けエンドレスフォール**（→P.74）を結ぶ。

How to make 153

14　ブロッキングエンドレスフォールのベアベル

Photo ≫ page.70　　Bricked Endless Falls

Material

☐ メルヘン アウトドアコード
　オレンジ[1623]、イエロー[1624]、
　グリーン[1626]　各130cm
☐ キーリング（直径30mm）[S1014]　1個
☐ カウベル[MA2311]　1個

[スタートの仕方]

キーリング
イエローのコード
オレンジのコード

① [スタートの仕方]のようにリングにコードをセットして、**ブロッキングエンドレスフォール**（→P.82）を結びはじめる。

② ブロッキングエンドレスフォールを8cm結ぶ（手順17まで）。

③ イエロー2本をカウベルに通し、②の端から1.5cmほどのところで折り返す（上下の向きが変わる）。折り返したイエロー2本で、残りの4本を芯にして**平結び**（→P.38／手順03〜08）を1.5回結ぶ。

④ コード6本の端をギリギリでカットし、焼き止めする。

1cm
8cm
1.5cm
スタート

16　エンドレスフォールブレスレット

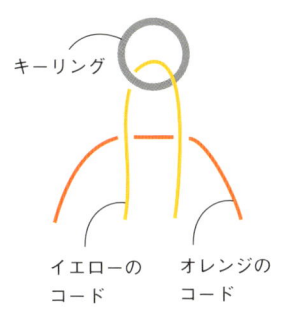

Photo ≫ page.71　　Endless Falls

Material

☐ メルヘン アウトドアコード
　A：ブルー[1629]　200cm
　B：オレンジ[1623]　170cm

① 写真プロセスの通りに**エンドレスフォール**（→P.72）を結ぶ。

スタート
2cm　17cm　1cm　1.5cm

154

17 ヘテロマスタス結びのロングストラップ

Photo ≫ page.86　Heteromastus Sinnet

Material

- □ メルヘン アウトドアコード　500cm
  - Ⓐイタリアンカモ[1636]、Ⓑレインボーカモ[1638]
- □ ストラップパーツ[P1045]　1個

① [スタートの仕方]のようにストラップパーツにコードをセットする。

② 写真プロセスの通りに**ヘテロマスタス結び**(→**P.88**)を70cm結ぶ。
※手順02では[ストラップパーツの通し方]のように、パーツごとループに通す。

③ コードの端をストラップパーツに通して折り返し、②の最初と最後の部分を芯にして、折り返したコードで**平結び**(→**P.38**/**手順03〜08**)を1.5回結ぶ。
※P.147[パーツにつける平結びの方法]と同様に結ぶ

④ コードの端をギリギリでカットし、焼き止めする。

70cm
1.8cm
スタート

[スタートの仕方]

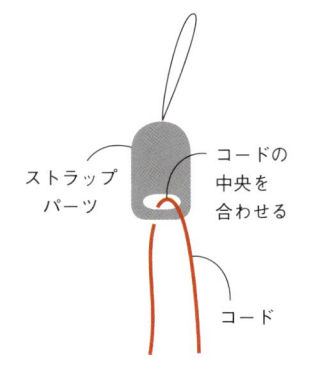

ストラップパーツ
コードの中央を合わせる
コード

[ストラップパーツの通し方]

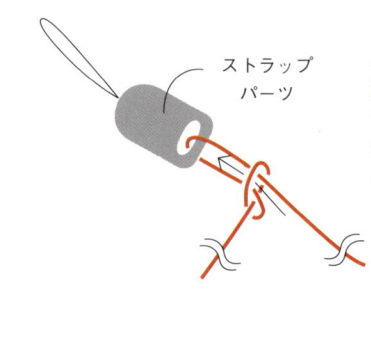

ストラップパーツ

ヘテロマスタス結びの手順02で二つ折りをループに通す際、二つ折りの先につけたストラップパーツごとループに通す。

How to make

18 バックボーン結びブレスレット   Photo ≫ page.87   Backbone Bar

Material
□ メルヘン アウトドアコード
オレンジ[1623]、グリーン[1626]　各220cm

① 写真プロセスの通りに**バックボーン結び**（→**P.97**）を結ぶ。
※手順01で40cmを測る。

2cm / 18cm / 1.5cm

19 リップコード結びブレスレット   Photo ≫ page.87   Ripcord Sinnet

Material
□ メルヘン アウトドアコード
アーミーカモ[1635]　320cm

① 写真プロセスの通りに**リップコード結び**（→**P.101**）を結ぶ。

1.5cm / 18cm / 2.5cm

20 Tウイルス結びブレスレット   Photo ≫ page.87   T-Virus Sinnet

Material
□ メルヘン アウトドアコード
A：レフ - ブラック[1633]　300cm
B：レッド[1621]　150cm

① 写真プロセスの通りに**Tウイルス結び**（→**P.93**）を結ぶ。

1cm / 18.5cm / 2cm

156

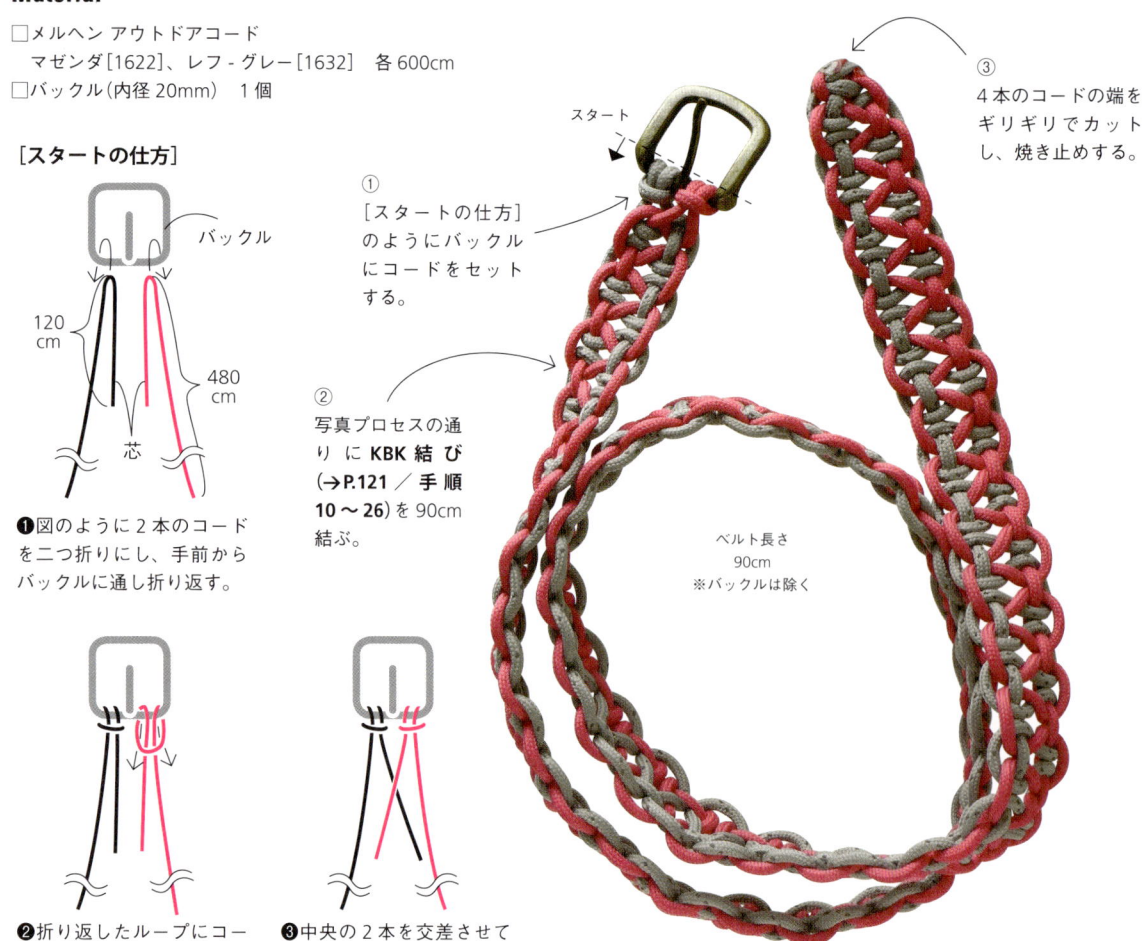

21　ブレイズ結びブレスレット　　Photo ≫ page.106　　Blaze Bar

Material

□メルヘン アウトドアコード
　オレンジ[1623]、スカイブルー[1627]　各200cm

①写真プロセスの通りにブレイズ結び（→P.108）を結ぶ。

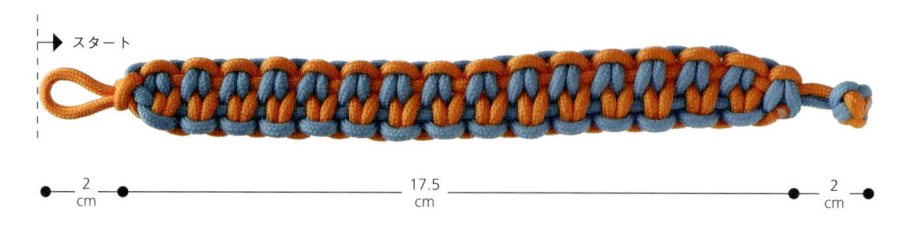

→スタート

2cm　17.5cm　2cm

23　KBK結びのベルト　　Photo ≫ page.107　　KBK Bar

Material

□メルヘン アウトドアコード
　マゼンダ[1622]、レフ-グレー[1632]　各600cm
□バックル（内径20mm）　1個

[スタートの仕方]

バックル
120cm
480cm
芯

❶図のように2本のコードを二つ折りにし、手前からバックルに通し折り返す。

❷折り返したループにコード2本を通し、引きしめる。

❸中央の2本を交差させてから、手順②に移る。

→スタート

①[スタートの仕方]のようにバックルにコードをセットする。

②写真プロセスの通りにKBK結び（→P.121／手順10〜26）を90cm結ぶ。

③4本のコードの端をギリギリでカットし、焼き止めする。

ベルト長さ
90cm
※バックルは除く

How to make 157

22 二重結びブレスレット

Photo ≫ page.106 | Duality Bar

Material

□ メルヘン アウトドアコード
　マゼンダ[1622]、イエローグリーン[1625] 各200cm

① 写真プロセスの通りに**二重結び**(→P.111)を結ぶ。

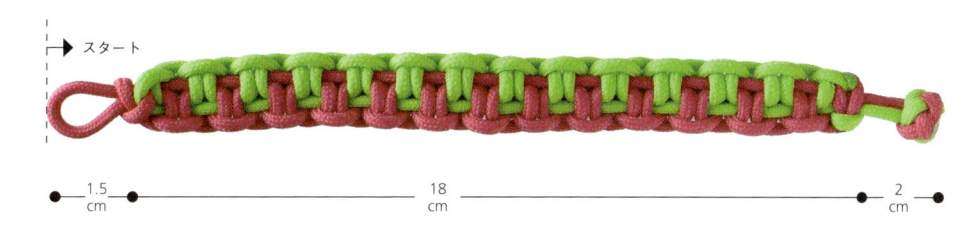

→スタート

1.5cm　18cm　2cm

24 スピンドルファイバー結びのベルト

Photo ≫ page.107 | Spindle Fiber Bar

Material

□ メルヘン アウトドアコード
　アーミーカモ[1635] 700cm×2本
□ バックル(内径20mm) 1個

[スタートの仕方]

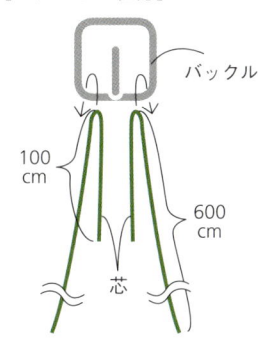

バックル
100cm
600cm
芯

❶図のように2本のコードを二つ折りにし、手前からバックルに通し折り返す。

❷折り返したループにコード2本を通し、引きしめる。

スタート

① [スタートの仕方]のようにバックルにコードをセットする。

② 写真プロセスの通りに**スピンドルファイバー結び**(→P.115／手順06〜16)を90cm結ぶ。

③ 4本のコードの端をギリギリでカットし、焼き止めする。

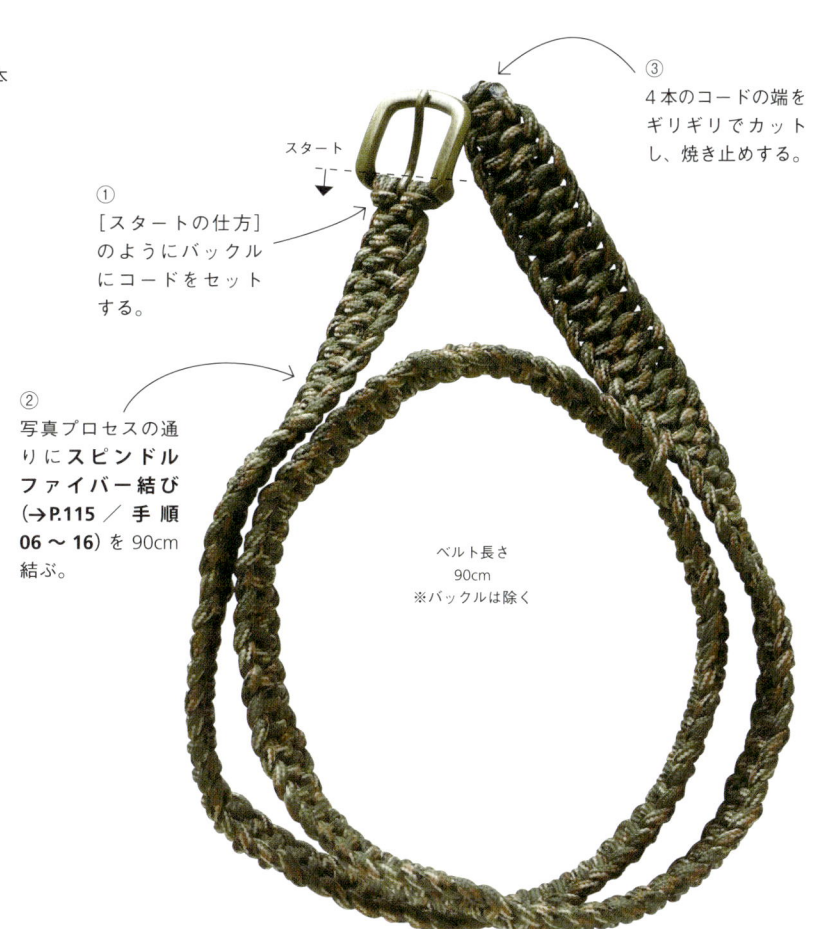

ベルト長さ
90cm
※バックルは除く

| 25 | サメの歯結びブレスレット | Photo ≫ page.126 | **Shark Jaw Bone (Back-to-Back)** |

Material

□ メルヘン アウトドアコード
　グリーン[1626]、
　レフ - ホワイト[1631]　各160cm

※ループは手順07〜08で結び目を引きしめるときに、グリーンを1本引き出しておく。

→スタート

1.5cm　17cm　2cm

① 写真プロセスの通りに**サメの歯結び**(→P.141)を結ぶ。

| 27 | 羽根結びのツールホルダー | Photo ≫ page.127 | **Fether Bar (Back-to-Back)** |

Material

□ メルヘン アウトドアコード
　A：アクアマリン[1628]　370cm
　B：マゼンダ[1622]　320cm
□ ストラップパーツ[P1045]　1個

③ コード4本を①のループに通してから**四つ組み**(→P.146)を10cm結ぶ。

② **羽根結び**(→P.138／手順09〜23)を30cm結ぶ。
※コードはカットしない。

① [スタートの仕方]のように2本のコードをセットする。

1.5cm
9cm
スタート
30cm

⑤ コード4本の端をギリギリでカットし、焼き止めする。

1.5cm

④ コード4本をストラップパーツに通して折り返す（上下の向きが変わる）。折り返したアクアマリン2本と四つ組みを芯にして、マゼンダ2本で**平結び**(→P.38／手順03〜08)を1.5回結ぶ。

[スタートの仕方]

中央を合わせる
高さ1.5cmのループ
芯ひも　結びひも　結びひも
30cm

❶ アクアマリンのコードで中央に長さ30cmの二つ折りをつくり、**羽根結び**(→P.138)の手順02〜05までを結ぶ。

❷ マゼンダのコードを中央で二つ折りにし、図のように通して高さ1.5cm程度のループをつくり、アクアマリンの結びひもを引きしめる。

How to make | 159

26　リバーシブル結びブレスレット　Photo ≫ page.126　Back-to-Back Bar

Material
□ メルヘン アウトドアコード
　マゼンタ[1622]、
　レフ - グレー[1632]　各 200cm

① 写真プロセスの通りに**リバーシブル結び**（→**P.128**）を 16cm 結ぶ。

※ループは手順 07～08 で結び目を引きしめるときに、レフ - グレーを 1 本引き出しておく。

② 手順 20 の下の輪にグレー 2 本の端を通す。

③ ピンクのコード 2 本をギリギリでカットし、焼き止めする。

④ 少しすき間をあけて、**2本組みのダイアモンドノット**（→**P.20**）を結ぶ。

⑤ 残りのコード 2 本をギリギリでカットし、焼き止めする。

→スタート

1.5 cm　　16 cm　　2 cm

28　わだち結びのツールホルダー　Photo ≫ page.127　Tire Tread

Material
□ メルヘン アウトドアコード
　A：オレンジ[1623]　350cm
　B：レフ - ブラック[1633]　300cm
□ ストラップパーツ[P1045]　1 個

① [スタートの仕方]のように 2 本のコードをセットする。

② **わだち結び**（→**P.134**／手順 15～28）を 30cm 結ぶ。※コードはカットしない。

③ コード 4 本を①のループに通してから**四つ組み**（→**P.146**）を 10cm 結ぶ。

④ コード 4 本をストラップパーツに通して折り返す（上下の向きが変わる）。折り返したオレンジ 2 本と四つ組みを芯にして、ブラック 2 本で**平結び**（→**P.38**／手順 03～08）を 1.5 回結ぶ。

⑤ コード 4 本の端をギリギリでカットし、焼き止めする。

1.5 cm　　9 cm　　スタート　　30 cm　　1.5 cm

[スタートの仕方]

❶ オレンジのコードで中央に長さ 30cm の二つ折りをつくり、**わだち結び**（→**P.134**）の手順 08～11 までを結ぶ。

芯ひも　30 cm

❷ ブラックのコードを中央で二つ折りにし、図のように通して高さ 1.5cm 程度のループをつくり、オレンジの結びひもを引きしめる。

中央を合わせる
高さ 1.5cm のループ
結びひも

PROFILE

J.D. Lenzen（ジェイ・ディー・レンゼン）

人気のYouTubeチャンネル「Tying It All Together」の運営者であり、同チャンネルで公開されている200種以上のチュートリアルビデオのプロデューサー、クリエイター。既存のさまざまな結び技法を融合したオリジナル技法「フュージョン結び（Fusion Knots）」を開発し、その高度な技術はインターナショナルギルドオブノットタイヤーズ（IGKT）からも認められている。本書（原題『Paracord Fusion Ties - Volume1』）は彼の初の著書。著書としてほかに『Decorative Fusion Knots』もある。結びのほかに、小説、イラスト、映画製作などを手がけるアーティストでもある。カリフォルニア州サンフランシスコ在住。
http://www.fusionknots.com/

STAFF（日本語版）

撮影　　　永禮 賢（カバー／P.1-4／P.9／各章作品ページ／P.160）
　　　　　著者（上記以外）
作品制作　tama5
翻訳　　　吉井一美（アールアイシー出版）
制作協力　メルヘンアートスタジオ
編集　　　笠井良子（グラフィック社）
制作進行協力　坂本久美子（グラフィック社）
撮影協力　北欧家具 talo　http://www.talo.tv/
　　　　　〒259-1122　伊勢原市小稲葉2136-1　Tel.0463-80-9700

パラコードクラフト パーフェクトブック
Paracord Craft Perfect Book

2013年 5月25日　初版第1刷発行
2025年 5月25日　初版第11刷発行

著　者　　ジェイ・ディー・レンゼン
発行者　　津田淳子
発行所　　株式会社 グラフィック社
　　　　　〒102-0073　東京都千代田区九段北1-14-17
　　　　　TEL 03-3263-4318　FAX 03-3263-5297
　　　　　https://www.graphicsha.co.jp

印刷・製本　TOPPANクロレ株式会社

落丁・乱丁の場合はお取り替え致します。
本書のコピー、スキャン、デジタル化等の無断複製は著作権法上の例外を除き禁じられています。
本書を代行業者等の第三者に依頼してスキャンやデジタル化することは、たとえ個人や家庭内での利用であっても著作権法上認められておりません。

ISBN 978-4-7661-2468-2 C2076
Ⓒ J.D.Lenzen 2013 Printed in Japan